信仰者の責任について

幸福の科学総合本部 編

新版に寄せて

本書『信仰者の責任について』はもともと、二〇一八年十月初めに、教団職員である大川宏洋氏が、動画共有サービス「YouTube」上で誹謗中傷に満ちた虚偽の発言を繰り返し、多くの信者の心を傷つけ、幸福の科学グループの社会的信用を貶めていた状況に鑑み、同氏の間違いと問題点を糺すとともに、信仰者としての厳しさと責任を学ぶ教材として、幸福の科学の信者向けに会内書籍として刊行されていたものです。

しかし、その後も「YouTube」をはじめとするネット上での同氏の虚言・暴言はやまず、「週刊文春」（2019年2月28日号）の同氏インタビュー記事において、事実とまったく異なる虚言や誹謗中傷が掲載され、当グループの信用ならびに関係者の名誉・人権を著しく傷つけたため、このたび外部出版として公刊することにしました。

本書をご一読いただければ、同氏が教団職員として公私混同を繰り返し、女性問題を中心として数多くのパワハラスキャンダルや仕事上のトラブルを起こしてきた実態や、〝幻想の王子キャラ〟として周りに迷惑をかけ続けてきた人間であることが判り、唖然とされる方も多いはずです。

さらに、報道の社会的相当性の範囲を逸脱した虚報記事を掲載しないよう、当グループの代理人弁護士を通じて事前に警告を申し入れたにもかかわらず、数多くの点で事実に反する記事掲載を強行した「週刊文春」編集部に対しても、この場を借りて改めて強く抗議するものです。

日本国憲法に保障される「言論の自由」は、「嘘をついても許される自由」や「他者を傷つける自由」「世の中に害悪を流す自由」として濫用してはならず、人間としての尊厳や良心に信頼して保障される自由であるという大前提を遵守すべきです。

読者のみなさまにおかれましては、本書で明らかにしている事実に基づいて、正しい認識を持っていただくことを願っております。また、虚言と誹謗中傷によって、多くの善良な信仰者を傷つけ、教団の悪口を元手に〝炎上商法〟を続ける同氏と、虚言を鵜呑みにしたずさんな取材を繰り返している同編集部に対しては、猛省と回心を促す次第です。

なお、大川宏洋氏の問題点につきましては、本書以外にも『不信仰の家族にはどう対処すべきか』『実戦・悪魔の論理との戦い方』『幸福の科学の後継者像について』（いずれも幸福の科学出版刊）に詳しく述べられております。

また、新版刊行に当たって、本書巻末に「『週刊文春』（2019年2月28日号）インタビュー記事『大川宏洋氏の虚言・誹謗中傷』に反論する」を新たに追加掲載しておりますので、併せてご一読いただければ、同記事の不当性と同氏の発言内容の虚偽・事実誤認が明らかになることと思います。

二〇一九年　二月二十一日

幸福の科学 総合本部 人事局担当専務理事

村田堅信(むらたけんしん)

信仰者の責任について　目次

信仰者の責任について

二〇一八年九月十日　収録
幸福の科学　特別説法堂にて

14

「霊言現象」とは、あの世の霊存在の言葉を語り下ろす現象のことをいう。これは高度な悟りを開いた者に特有のものであり、「霊媒現象」（トランス状態になって意識を失い、霊が一方的にしゃべる現象）とは異なる。

人間の魂は原則として六人のグループからなり、あの世に残っている「魂のきょうだい」の一人が守護霊を務めている。つまり、守護霊は、実は自分自身の魂の一部である。

また、「生霊」とは、地上の人間が特定の相手のことを強く念い続けることによって生じた想念と守護霊とが合体し、生霊の姿を取って相手のところへ現れ、自己主張するものをいう。

なお、「霊言」は、あくまでも霊人の意見であり、幸福の科学グループとしての見解と矛盾する内容を含む場合がある点、付記しておきたい。

信仰者の責任について

二〇一八年九月十日　収録
幸福の科学 特別説法堂にて

対象者　大川宏洋（一九八九～）

東京都生まれ。大川家の長男。青山学院大学法学部卒業。

導師・審神者　大川隆法（幸福の科学グループ創始者 兼 総裁）

スピリチュアル・エキスパート　磯野将之（幸福の科学理事 兼 宗務本部海外伝道推進室長 兼 第一秘書局担当局長）

質問者　酒井太守（幸福の科学宗務本部担当理事長特別補佐）

林紘平（幸福の科学宗務本部庶務局主任）

干場丈一郎（幸福の科学宗務本部庶務局職員）

［質問順。役職は収録時点のもの］

1　大川宏洋氏の生霊霊言を公開で行う

生霊の論理は、ほとんどが「この世的な問題」

大川隆法　本日は「生霊霊言」というテーマになっていますが、実は、昨日、「今後、生霊が来ても無視して、霊言をするのはやめよう」と決意したところだったのです。要するに、収録しても作品にはならないし、本にもできないし、なかなか一般公開もできないということで、生産性がなく、疲れるので、もうやめようと思っていたわけです。

しかし、昨日の夜も生霊が来ていてなかなか眠れず、今日の午後にもいるという状況です。もっとも、あちらにとってはピークなのかもしれないので、まあ、しかたがありません。

今日は、（生霊を）私の体に入れる代わりに、スピリチュアル・エキスパートの磯野さんのほうに入れたいと思います。磯野さんは人格者でマイルドな方なので、（磯野が以前にスピリチュアル・エキスパートを務めた）ローラ守護霊のときのようにはならないでしょうが、質問者のみなさんも多少は何らかの応対ができる可能性もあるので、話してもらおうかと思います。

（大川宏洋氏の）生霊側のロジックは、難しい宗教や哲学の問題ではなく、ほとんどは極めてこの世的な問題のような気がするのです。そういう意味で、何となく虚しい感じがしてしかたがないのです。

これも、エクソシズム、悪魔祓いの一環ではあるものの、結局、論理と論理のぶつかり合いだし、価値観と価値観のぶつかり合いだし、善と悪とのぶつかり合いでしょう。もちろん、善悪がはっきり決まっているならよいのですが、そう決まっていないというか、そう思っていないところは問題が大きいのです。

今、引っ掛かっている問題というのは、例えば、身分制社会であればどうかとい

●スピリチュアル・エキスパート　幸福の科学で、霊を降ろして霊言をすることが可能な者。いわゆるチャネラーのこと。

うことを考えてみれば分かるかもしれません。もし、上にいる人が間違った考え等に染まっていて、それを下の者に押しつけてくるような場合、下にいる者のほうが立場上は弱いため、言うことをきかなければ、牢獄に入れられたり処刑されたりすることもあるでしょう。

一方、現代は、日本の憲法を見ても分かるように、「言論の自由」「表現の自由」「信教の自由」「教育の自由」「学問の自由」等、各種さまざまな自由があります。ただ、実際は、当然のことながら、いろいろな考えのなかには間違っていると思われるものもあるはずです。それを決めるのは、そう簡単なことではありません。

そうすると、例えば、宗教に関することとしては、「神様の言論の自由」もあれば「神に近い人の言論の自由」もあるけれども、それを保障する以上、当然、「悪魔の言論の自由」もあれば「悪魔に近い人の言論の自由」もあるわけです。

そして、一般的に自由を保障している以上、この「言論の自由市場」に任せていくことになりますが、「長い目で見れば正しい者は勝つだろうから、大勢の人が民主主義的に見ていれば、どちらのほうが正しいかはだいたい分かってくるだろう」といった考え方をします。

マスコミなども、そのような善意に基づいて動いているわけです。そのなかで、間違えることもあるものの、いろいろな議論をし、いろいろな意見を出せる状況であれば、次第に、「こっちがおかしいかな? こっちが正しいかな?」ということが、民意によって決まってくるところはあるでしょう。

また、昔のように革命等で大勢の人を死なせたりする代わりに、現代では支持率、投票などによって上に立つ人が入れ替わるようになっていて、平和的にはなっているのです。そういうところがあります。

「外の論理」との対話を通し、法戦・悪魔祓いの訓練を試みる

大川隆法　先般は、〝●覚鑁のエクソシズム〟と称して、悪魔祓いの訓練をしてみたのですけれども（『実戦・悪魔の論理との戦い方』〔幸福の科学出版刊〕参照）、あの

●覚鑁　平安時代後期の真言宗の僧。高野山金剛峯寺の座主であったが、念仏を取り込んだご利益色の強い教えを主張して高野山を追われ、根来にて拠点を構え、後の新義真言宗の祖となった。幸福の科学の霊査によると、死後、地獄に堕ち、現在も悪魔として密教系の邪教団を支配している。『黄金の法』（幸福の科学出版刊）等参照。

ときは、覚鑁の考えというよりも、憑かれている本人（大川宏洋氏）の意見とほとんど変わりがありませんでした。もはや、どちらがどちらだか、ほぼ区別がつかない状態です。その宗教的価値観と思われるもののなかに、この世の価値観のものがそうとう入っているので、このあたりが嚙み合わないところなのではないかと思います。

今日は、まず、質問者のみなさんが話をしてみて、それで足りなければ、会場からも参戦をしてもらいましょう。

要するに、相手がロジックとして何を立ててくるかを見ることです。内部の人は、「こういうふうに教わっているから」と、「中の論理」だけで行きがちでしょうが、相手が「中の論理」が崩れてしまっている人である場合は、その相手は「外の論理」を持ってきます。「一般ではこう思われている。こういうふうに言われている。こういうものが人気がある」「みんなはこんなことを考えているぞ」といったものを持ってきて崩そうとするのです。

そういう意味で、「練習としては、法戦や、精舎・支部における実際の悪魔祓い系のものなどと同じ問題である」と言えるでしょう。また、家庭で争議が起きるときにも、この世的な原因が絡んでいないわけはないので、このあたりのことはあると思います。

そのようなわけで、これで終わるはずもないことではあるのですが、（生霊が悩みの）ピーク時を迎えてはいるので、多少、〝ガス抜き〟をしておきます。

後に、もし、当会がエクソシズム系、エクソシスト系の映画をつくるときには、言葉遣い等の参考になるかもしれないし、あるいは、精舎等の講師たちに実態を知ってもらうことも必要でしょう。

悪魔や悪霊が来る場合もありますが、実は、たいていの場合、本人の考え方が固まっているがゆえに、それに同調して来ているわけです。したがって、本人の考え方が変わらなければ取れないのです。

例えば、本人が信仰心を持たない、教学をしないというところもあるでしょう。

あるいは、教団の変なところばかりをあげつらい、「これもおかしい。あれもおかしい」というようなことを言って、「だから、自分に対することもおかしいんだ」という三段論法のようなもので来る場合には、基本的に反省はしません。こういうところで、講師たちもいろいろと苦しんでいるのではないでしょうか。

その意味で、〝作品として活かせる率〟は極めて低いのですが、ただ、内部にいる者としては、多少、この練習をしておかないといけないでしょう。そうしないと、将来的に、形だけ、形式だけになってしまい、実質を伴わないものになりかねません。したがって、一部、恥ずかしい面もあるものの、やっておいたほうがいいのではないかと思っています。

教祖殿に何度もやってくる生霊を呼び、その本心を訊く

大川隆法　長くなりますので、そろそろ始めましょう。

（磯野に）いいものがあまりなくて、申し訳ないですね。ローラ守護霊のときが

最高でしたね。

磯野　（笑）

大川隆法　今回、磯野さんに入れたら、どの程度のものになるかは、ちょっと分かりません。

それでは、今、おそらく悩みのピークを迎えていると思われる大川宏洋の生霊（いきりょう）霊言を行いたいと思います。

大川宏洋の生霊よ、どうぞ、前にいるチャネラーに入って自分の考えを述べ、ほかの人と話し合いをしてみてください。

大川宏洋の生霊よ。どうぞ、前にいるチャネラーに入ってください。

お願いします。

2　手伝っている職員を人間扱(あつか)いせず

開口一番、「お金がきつい」と吐露(とろ)し、身辺の世話を要求

生霊　（約五秒間の沈黙(ちんもく)。大きくため息をつく）はあーっ。

酒井　宏洋さん（の生霊）ですか？

生霊　そうですよ。

酒井　昨日(きのう)の夜から、かなり激しくなってきているようですね。

生霊　けっこうきついですよ。

酒井　何がですか？

生霊　いや、お金のところが、もうねえ、きついな。

酒井　お金がきつい？

生霊　ああ。「もう、家を出ていけ」って言われるしさ。

酒井　いや、（地上の本人は）「出ていけと言われるのは分かっていた」というような話を、石川（いしかわ）理事長に言ったらしいではないですか。「そんなの分かってますよ」と。

生霊　そんな。まさか本気でやるとは思わないでしょ？　だって。

酒井　では、あなたは嘘でやっていたのですか？（スピリチュアル・エキスパートに入った生霊に問う。以下同様）

生霊　いやいやいや、石川さんにそんな覚悟があるはずないよ。

酒井　それでは、あなたがYouTube等をやっていたのは、どういう覚悟だったのですか？

生霊　は？　そんなの、教団のなかにいたら、何にも言いたいこと、言えないわけじゃないの。だから、やってきてるのよ。

酒井　今、言いたいことをYouTube等で言っているのでしょう?

生霊　そうそう。

酒井　ただ、それは、「教団から訴訟をされることも覚悟してやっている」と言っていたわけですよね?

生霊　そんなの、弟子たちがよぉ、俺に対して訴訟を打つ覚悟など、あるはずねえんだよ。

酒井　だから、それがおかしいですよね。

生霊　本気でやろうと思ってるんですか？　酒井さん。

酒井　はい。

生霊　本気で？

酒井　そう。

生霊　……へえ。

酒井　いや、それは、損害が出たらそうなるでしょう。

生霊　酒井さん、そんな覚悟があるんだ。いいんだ？

酒井　なぜ?

生霊　そんなことをやって。きょう子さんみたいになるけど、いいんだ?

酒井　いやいや、あなたはいいのですか?

生霊　仏敵(ぶってき)にしたいの?

酒井　(苦笑)あなたはどうしたいのですか?

生霊　は?

酒井　あなたは仏敵になりたいんじゃないのですか？

生霊　違うだろ！　ちゃんと、私の居場所をつくって、住むところも……。あと、お手伝いする人もつけて、車での送り迎えもして、私のやりたいことをやらせる。それが、私が望んでいることですよ。

自分は常に遅刻しているのに、他人の遅刻には厳しいことを言っている

酒井　いや、林さんがＴシャツを乾燥機で縮ませたというぐらいのことで、こちらに電話をかけてきて、「何てことだ」と言ったりするのはどうなんでしょうか。

生霊　いやいや！　そんなの、本当にもう、ありえないです。ただでさえ、「ライザップ」で鍛えた筋肉がムキムキになってきて、はち切れそうになってるのに、さらにそれを縮めてどうするの？　本当に。

酒井　だから、それは彼の仕事ではありませんから。

生霊　身の回りの世話は林さんがやってくださるから、もうそれでよかったんですよ。

酒井　それについてはどうですか、林さんは。

林　うーん。なぜ、何の生産性もない方をお世話しないといけないんでしょうか。

生霊　いやいや。だから、YouTubeで映画の評論とかしてるじゃないですか。あれでちゃんと生産活動をしてるわけですよ。

酒井　ただ、生産性という意味では、最近、何か収入はあったんですか？

生霊　収入……、だから、「ない」から困ってるんでしょう？

林　車での送り迎えもしていますけれども、毎回、言っていた時間に来なくて、二十分ぐらい、当然のように遅（おく）れて来られますよね。謝（あやま）りもせず。

生霊　それはねえ、寝坊（ねぼう）することもあるからね。

酒井　この前、「林さんが遅れる」と文句（もんく）を言っていませんでしたか。

生霊　いや、それは許せないでしょう。運転手が遅れるなんて、論外でしょ？　だって、仕事でやってるんだから。

酒井　宏洋さんはどのくらい遅れてきてたのですか?

林　一時間ぐらい遅れてても、連絡が来ないこともありました。

生霊　いや、たまにはそういうこともありますよ。

酒井　そのレベルであるのに、今年の夏に苦情を言ってきたでしょう?

生霊　いえいえ、いいんですよ、そんなことは。

酒井　いいのかな?

林　お手伝いのことを人間と思っていないんですよね。

生霊　いや、それは、「お手伝いさん」だとは思ってますよ。

林　いや、「ロボット」と思っているんですよね、基本的には。

生霊　まあ、「ちゃんと私の言うことをやってくれる人」とは、思っていますよ。何年ジムに通っても、成果に結びついていない

林　だからといって、何でもかんでも……。例えば、食事のカロリー計算だとか。

生霊　いや、大事なんだ。カロリー計算をちゃんとやらないと。

林　細かい成分表とか、あんなところまで、普通、やらせますか？

生霊　だって、ちゃんとした肉体美をつくろうとしたら、ちゃんと、食事とか、そういう管理は必要でしょう？　やっぱり。だから、それをやってもらっていたんですよ。

林　いや、あなた、全然、体を絞れていないですよ。

生霊　いやいやいやいや。そうは言っても頑張ってるんですよ。まだ、水着になるには、もうちょっと絞らないといけないですけど。

林　いちおう、ライザップでは、二カ月で絞れるということになっていますけど、あなたの場合、全然、成果に結びついていないので。

生霊　ちょっと、フラフラッとね、やっぱり飲みたくなったりとかはしますけどね。ええ。まあ、いいですよ、そんなことは。

酒井　いいのかな？　本当にいいの？　干場さん。

干場　その前にも、ジムへ何度も送迎していましたけど、いっこうに成果が出ていない体を、いつも送迎しているように私には思えたんですけど。

林　もう、トータルで三、四年間ジムに通っていますよ。

生霊　まあ、いろいろね、やったりやめたり、やったりやめたりはしていますけどね。

林　しかも、ＮＳＰ（ニュースター・プロダクション）時代には、（プロフィールに）趣味か特技の欄に「筋トレ」と書いていましたよね？

生霊　ああ、筋トレ。筋肉をすごい……。

林　恥ずかしいと思いませんでしたか？

生霊　なぜですか。実際、やってるからいいじゃないですか。嘘は言っていないですよ。

林　周りの人からも、「すごいブクブク太ってるよ、最近」って言われて、何か、私が全然食事の管理をしていないみたいな感じになっていたんですけど。

生霊　うーん。

千場　「これは、ジムの成果なのか。食べすぎているのか」「何か、大きくはなっているけど、どういうことだ？」っていう。

生霊　いや、大きくなっているんですよ。実際、筋肉は大きくなっているんですよ。その周りの脂肪（しぼう）がちょっと取れていないだけでね。

林　でも、すぐに代謝（たいしゃ）のせいにしてみたり。

生霊　いやいや、それはねえ、いろいろストレスが溜（た）まりますからね。たまに、そのストレスを発散しないと駄目（だめ）なんですよ。

林　では、「最終的には、ムキムキになりたい」というビジョンはあるんですね？

生霊　それはねえ、もう、映画で、そういうシーンとかが出てきても、「いちおう脱げる体ですよ」っていうのは見せたいじゃない？

3 悪魔を入れることが名演技？

「潜在的なファンは、十倍以上いる」？

林　それはやはり、俳優になりたいからですか。今後、そういう声がかかるために。

生霊　それはそうでしょう。やっぱり、出番を増やしていくためには、体もつくり込んでいかないといけないし、アクションもできるっていうところを見せないといけないし、恋愛ものもいけるし、ホラーものとかもいけるしっていう、そういういろんな面を見せていかないと、使ってもらえないでしょう？

林　今後、俳優として生きていきたいということですね。

生霊　もちろん、俳優としても生きていくし、脚本家としても生きていくし、監督とか、プロデューサーとしてもやっていきますよ。

林　ちなみに、あなたは誰に支持されていると思っていますか。

生霊　どういうこと？　「支持」って。

林　宏洋さんを、俳優として支持している方です。

生霊　ええっと何？　「応援してる」ってこと？

林　そうです。ファンですね。

生霊　それは、YouTube（ユーチューブ）を観（み）てる人は、基本的に私のファンでしょう。

林　それは、一部の、本当にコアな信者さんではないですか。

生霊　もっといるんだ。YouTubeを観ている人の、そのさらに奥（おく）に、潜在（せんざい）的なファンがいっぱいいいるわけ。少なくとも、十倍以上はいるでしょうね。

干場　知人から、「あの動画は何だ？」っていう話もあって、「あれは、早く削除（さくじょ）したほうがいいんじゃないか」って。

生霊　なんで削除するんだ？　ていうかさ、ほんと、あなたたちさ、すぐに言論封（ふう）殺（さつ）をするよね。何か、自分たちに都合（つごう）が悪いものが映ると、「すぐ消せ、すぐ消せ」

って、ほんとにもうワンパターンで。毎回、ほんっとに。言論の自由はないのかい。ほんとここは、北朝鮮（きたちょうせん）か。中国か。

干場　いや、その「言論の自由」を行使した上で、その評価がそうだということなのです。当会にとって、あまりいい効果が出ないということは……。

生霊　でも、ちゃんと応援してくれてる人だっているじゃないですか。「ああ、宏洋さん、さすが、よく言ってくれた」って言う人もいるし、「頑張（がんば）ってください」って言う人もいるじゃないですか。

林　それが、あなたを支持している人の「すべて」ですよ。

生霊　「すべて」かどうかは分からないですよ。言わないけれども、気持ちでは、

「頑張ってほしい」って思ってる人だっているかもしれないじゃないですか。みんながみんな、「宏洋、あんなやつは駄目だ」みたいな、そんなことを書いている人ばかりじゃないわけなんだから。

自分の演技を評価しないのは、芸術観が低いから？

林　信者さんは優しいので、本音は言わないけれども、あなたの演技に関しては、少なくとも、みなさんは評価していないですよ。

生霊　その人たちは、まだまだ見る目がないんですよ。芸術観が低いんですよ、そういう人たちは。

林　でも、そうやって一般の人の声を聞かないでいると、俳優として成功できないと思いませんか。

生霊　一般の人の声は聞いてますよ。業界の人たちの話とか。

林　でも、業界の人からも「下手（へた）くそって言われた」と言っていましたよね。

生霊　いや、それは、「もっともっと、君にはポテンシャルがあるから頑張れ」っていう、そういう愛のムチでしょう？　「まだまだ君にはポテンシャルがある」「頑張りなさい」「こんなところで挫（くじ）けちゃ駄目だ」って、そういう励（はげ）ましの言葉なんですよ、あれは。

林　でも、これから、そんなに（仕事の）声はかからないですよね、きっと。

生霊　いやいや、そんなことはないですよ。今、注目度がどんどん上がってますから。

林　ちゃんとオファーはありますか？

生霊　それは、これからですよ。でも、まず認知度を上げていくこと。これが大事ですよ、やっぱり。

「本物の悪魔を入れられるのは、私が優れた役者であることの証明」

干場　でも、実際に、宏洋さんが出ている映画を観て、体調を崩した方もいらっしゃいます。

生霊　違う。たまたまその人が体調を崩しただけで、私は関係ない。

干場　いやいやいや。映画館から出てきた人が、「ちょっと頭が痛い」とか、「気分が悪い」とかいうふうに……。

生霊　いや！　その人たちが霊障(れいしょう)なんですよ。いや、おかしい、おかしい。

干場　でも、一般の方をお誘(さそ)いするときには、やはり、その映画を観た人が映画館を出たときに、「楽しかった」と思えるようでないと駄目なんじゃないですか。その人の悟(さと)りのレベルの問題じゃなくて。

生霊　いや、だから、「観てよかった。今までの幸福の科学にはない映画だった」「『君のまなざし』とか、まさか幸福の科学でこんな映画をつくれるとは思っていなかった」とか言っている人だっているわけですから。

干場　それはもう、本当に一部の人であって、頭が痛いとか、体調が悪いとか……。

生霊　いやいや、ないって。そんな、みんなが同じ感想しか言わなかったら、ほんとに全体主義ですよ、ここは。

干場　でも、普通、映画を観て、「体調が悪くなった」とか、「頭が痛い」とか言う人がそんなにいますかね？

生霊　それはいるでしょう。ホラー映画とかを観たら、やっぱり、「ちょっと具合が悪いな」と言う人はいるでしょう。私の映画が原因だという科学的な証拠があるわけですか？

例えば、「私の映画を観た人は百人中百人が、みんな病気になりました」っていったら、それは私の映画に原因があるというふうに特定されますけれども、たまたま観た数人が、ちょっと具合が悪くなったからって、それを全部私のせいにするんですか？　おかしくない？

千場　いやいやいや。数人じゃないんですよ、それが。

大川隆法　（笑）数人じゃない。

生霊　じゃあ、何人ですか。数えたんですか？

千場　複数の方が、「もう観たくない。だから、お誘いできない」って言っているんですよ。それで、映画を広められなくなっているので。

生霊　いや、おかしいんじゃないですか？　それは。

千場　いや、おかしいっていうか……。

生霊　私の映画を観たことによって、その人たちの具合が悪くなったっていうことに関しては、因果関係がはっきりしていませんね。
　その人たちは何？　私の映画を観る前は、すっごい元気満々だったけど、私の映画を観たら、急になんか、ものすごく、「頭が痛い」とか言い始めたんですか。

千場　そうですよ。

生霊　証拠があるんですか？

千場　いい映画だと思ってお連れしたのに、映画館に行ったら……。

生霊　証拠があるんですか？　ないでしょう？　言えないんですよ、そんなことは。

干場　宏洋さんがアップになって、鬼（おに）というか、そういう憑依（ひょうい）された状態の映像を観たときに……。

生霊　いや、だって、あれは本当に（悪魔（あくま）を）入れていますから。だから、あれはリアルなんですよ。

干場　その映画の目的は、映画で宏洋さんの目を見た人が、「頭が痛い」とか、「ちょっと気分が悪い」とか言うことが目的なんですか？　そうなってほしいということなんですか？

生霊　違うでしょ！　本物の霊能者が、本物の悪魔を入れて演じる。そういうことによって、「うわあ、やっぱり霊界ってあるんだな。地獄とかは、あるんだな」ということを、ほんとにリアル感をもって伝える。そういう迫真の演技をしたっていうのが、やっぱり役者として優れているっていうことの証明なんですよ。

林　それだったら、普通のホラー映画で十分ですよね。そんなの腐るほどありますよ。

生霊　いや、違いますよ。

4 守護霊（しゅごれい）アポロンは「欲からエネルギーを吸収する」

「いちおう、自分の魂（たましい）のきょうだいぐらいは入れられる」

林　あなたは、天使とか、高級霊（れい）とかを自分に入れられるんですか？

生霊　いちおう、入ってますよ。

林　「いちおう」って何ですか？

生霊　入ってますよ、自分の魂（たましい）のきょうだいぐらいは。

酒井　最近は入っているんですか？

生霊　入ってますよ。

酒井　最近、会話している？

生霊　してますよ。

酒井　今、話しているあなたは、誰ですか？

生霊　アポロンですよ。

酒井　アポロンの名前が出ました。

大川隆法　うーん。

酒井　本当に?

生霊　ほんとですよ。最近、なんか、あんたがたは、(私や私の魂のきょうだいの)祈願(きがん)とか研修とかを下げたり、ほんと意地悪していますよね。

酒井　アポロンは、覚鑁(かくばん)とはどういう関係なんですか?

生霊　関係ないですよ。

酒井　話はしていない?

生霊　関係ないですよ。たまーに、一緒にいるぐらいで。

酒井　一緒にいるんですか！

生霊　いますよ、それは。

酒井　なぜ？

生霊　同通していますから、それはいますよ。

酒井　アポロンは、いったい今、どこの世界にいるんですか？「今、地上にいる」と言うアポロン

生霊　地上ですよ！

酒井　地上？

生霊　ええ。

酒井　太陽界ではありませんでしたっけ？　アポロンは。

生霊　もう、いろんなところにいるんですよ。全世界を飛び回っていますから、いいんですよ。

酒井　ああ、そう。最近は、太陽界にはいないの？

●太陽界　八次元如来界の最上段階を、狭義の太陽界といい、約20名の大如来がいる。『太陽の法』（幸福の科学出版刊）等参照。

生霊　いや、もう分からないんですよ。そんなこと、どうでもいいんですよ。

酒井　ほかの魂のきょうだいは？

生霊　何ですか？

酒井　荘子（そうし）とか。

生霊　いないですよ。

酒井　カフカとか。

生霊　いないですよ。

酒井　どこに行っちゃったんですか？

生霊　知らないですね。

酒井　最近は会っていない？

生霊　どこに行ってるんでしょうね。

酒井　昔は会っていました？

生霊　脚本を書くときとかは、ちゃんと指導していましたよ。

酒井　最近は来ますか？　カフカとか。

生霊　どうでしょうね。

酒井　荘子は？

生霊　どうでしょうね。

酒井　来ない？

生霊　（約五秒間の沈黙(ちんもく)）じゃあ、逆に、酒井さんは、自分の魂のきょうだいが常に自分と一緒にいるかどうかなんて、分かるんですか？

酒井　私は分かりませんが、あなたは霊能者でしょう？

生霊　霊能者ですよ。

酒井　話しているあなた自身はアポロンなんでしょう？　あの世の人でしょう？

生霊　「あの世の人」であり、「この世の人」であり、もう、生き通しなんですよ、神は。「地上に降りた神」ですから。

酒井　アポロンの悟り（さと）というのは、そういう悟りだったんですか。

生霊　まあ、地球史上最高の悟りですよ。

大川隆法　「全智全能」ということを語っていましたね、そういえば。

生霊　ええ。そうですよ。

酒井　全智全能なんですか?

生霊　そうですよ。ギリシャの哲学の根本は、私ですから。

大川隆法　うーん。

地上の本人の「欲」からエネルギーを得ている?

酒井　最近は、エネルギーをどこから吸収していますか?

生霊　えっ？

酒井　エネルギーは。

生霊　食べ物でしょう、それは。

酒井　アポロンも、食べ物から吸収するの？

生霊　まあ、地上の本人の「欲」でしょう。

酒井　欲？

生霊　ええ。

酒井　（ほかの質問者に）それは、いいと思う？　どうですか？

林　欲からエネルギーを吸収するんですか？

生霊　欲によって、エネルギーを倍加しているんですよ。

林　それは、本当に高級霊でしょうか。

生霊　何がですか？

林　「天上界（てんじょうかい）からの光でエネルギーを供給する」というのなら分かりますが。

生霊　天上界の光……。

林　欲からエネルギーに転化しているんですか?

生霊　だって、自己実現欲が大きければ大きいほど、エネルギーが湧(わ)いてくるじゃないですか。

酒井　ただ、それは、教学的に言うと、どこの世界の人でしょうかね。人間の欲望からエネルギーを得る人というのは。

林　それは、四次元。

酒井　ねえ？（四次元の）下のほうの。

林　はい。四次元の下のほうではないでしょうか。

生霊　だから、違（ちが）うんですよ。「一般（いっぱん）の人間」と「神」とのエネルギーの供給源は、分かれているんですよ。

「私は神だから、捧（ささ）げ物を受けるのは当然」？

林　そういうところに、問題があるんじゃないでしょうか。

生霊　どういうところですか。

林　やはり、人間はみんな平等じゃないですか。

生霊　違いますよ。

林　地上に生まれてきたら、みんな平等の環境じゃないですか。

生霊　違う。民主主義なんて、最近つくったものであって、本来、神と人間は別なんですよ。それは天上界を見れば分かるでしょう？　そうでなければ、次元構造なんかないはずですよ。

林　でも、天使でも一歩間違うと地獄に堕ちるケースが、幾つもあります。

生霊　でも、私は神ですから。まだ神格を剝奪されていませんから。

大川隆法　ギリシャでも、アポロンの神託所というものが長くあって、まあ、千年ぐらいあったと言われています。

でも、アポロンの神託を聞いている巫女さんというのは、農家の娘とか、農家のおばさんだったのです。結婚していて子持ちの女性などが駆り出されて、だいたい三人ぐらいが神託を聞いていたわけです。そのレベルのものが、千年ぐらい続いていたらしいのです。

今、あなたの意見を聞いている人たちのレベルは、当時の農家のおばさんたちよりも、だいぶ高いんですよ。だから、みんな疑問を持ったり、批判したりしているんですよ。

生霊　いやいや。それでも人間であることには変わりないんですよ。そんな人間が、神の言葉を裁いてはいけないんですよ。

酒井 （聴聞席の長居利佳・幸福の科学宗務本部第一秘書局チーフに）長居さん、どう思いますか？　今の話を聞いて。

長居 何か、聞いていて、とてもかわいそうで……。

生霊 何言ってんの、あんたに言われたくないわ。

長居 うーん……、何かとても虚しいですし、もう何も言葉が出てこないというか……。

生霊 それは、あなたの勉強が不足してるからでしょう。言葉が出てこないのは。

長居 それはそうなんですけれども、主エル・カンターレ下生の時代に、ここまで……。「欲」からエネルギーを取ってくるというような……。

生霊　ちょっと待ってください！　あんたはそんな偉(えら)そうなことを言うけど、あなたには欲はないんですか、逆に言うと。

長居　いや……。

生霊　あるでしょう！

長居　人間であれば欲は誰にでもあるものですし、私自身もそうですが、「主に向かって、向上していきたい」という気持ちは常にありますし、「主の教えが広がるために、どうしたら、それぞれが主から頂いた役割を最大限に開花させることができるか」という、そういう思いもあります。それは、みなさんも、たぶん持っていると思うんですけれども。
しかし、宏洋さんの場合は、「女」と「金」と……。

生霊　何ですか？　いいじゃないですか。神に対する捧げ物として、古来から、そういう、お金だったり、何かの農作物だったり、高価な物だったり、常に神に対して捧げられていたんですから、それを受けるのは当然でしょう。何にも間違っていないですよ。

長居　うーん……。

生霊　はい。あんたじゃ相手にならない。さよなら。

干場　それは、その神を信仰している人が捧げるものであって、あなたは、自分から、「お金」とか、「女性問題」とか、まあ、「時間」にもルーズですし、そういうところにつかみかかって、エネルギーを得ようとしているじゃないですか。

生霊　ちょっと待って。あんただって、時間にルーズですからね。それで、あんただって、女にモテたいと思っていますからね。

干場　いやいやいや（苦笑）。私は時間にルーズではないですよ。

生霊　えっ、本当ですか？

干場　本当ですよ。

生霊　へえー。ふーん。

5　プレアデスには「自己客観視」という言葉はない

時間のルーズさに、性格が典型的に表れている

千場　宏洋さんの送迎依頼（そうげいいらい）が来たとき、一時間も待っていたときもあります。

酒井　千場さんも、やはり一時間待っているんですね。

大川隆法　ほう。

千場　私もよく待っていましたし、宏洋さんは忘れ物も多くて、ようやく出てきたと思ったら、「ちょっと、もう一回待ってください」ということで……。

生霊　いや。っていうか、本当は、できる秘書だったらね、忘れ物をしないように、「これは大丈夫ですか？」ということを事前に言うんですよ。それが〝できる秘書〟なんですよ。

酒井　ただ、ほかの人が現場に遅刻したときは、ものすごい勢いで怒りますよね。

干場　そうです、そうです。

酒井　そのクレームだけは来るんですよね。現場に遅れたっていう。

生霊　それは、ありえないでしょう。だって、私の一分一秒がどれだけ大切か。

酒井　現場に五分とか十分とか遅れたと言って、「仕事を何だと思ってるんだ！」みたいな感じで。

干場　そうですね。例えば、赤坂へ行くときに、（宏洋氏が）本部に忘れ物をしたというので、本部に寄って赤坂に行ったためにちょっと遅刻したことがあったのですが、それを、あなたは酒井さんに、私の運転の仕方が悪かったというように言っていましたよね。

生霊　いや、本当ですよ。

干場　でも、それは、本部に寄ったから、その分の時間がかかったのであって、本当に厳密に見て時間にルーズかどうかを考えると、そういう部分は必ずあると思うんですよ。

生霊　違うって。

酒井　それはたぶん、「宏洋さんの傾向性を想定して動け」っていうことですよね？

生霊　そう。そのとおりです、酒井さん。やっぱり、できる人はそうなんですよ。

大川隆法　（笑）

生霊　ほら。

酒井　（笑）一時間遅れるのを見越して。

生霊　そう。そのとおり。こういうときには、こんな忘れ物をするから、忘れないように、「宏洋さん、これは大丈夫ですか」っていうふうに言わないといけないいんだよ。

酒井　ただ、仕事として、毎回、一時間遅れるのを想定して動きますかね？

大川隆法　まあ、田舎(いなか)の時間はそうですが。〝沖縄(おきなわ)時間〟とか。

酒井　〝沖縄時間〟でしょうかね。

大川隆法　海外でも、どこかに一時間遅れるところがありましたね。

酒井　そうですね。

大川隆法　どこでしたかね。インドだったか、どこかにありましたね。

酒井　インドとか、ウガンダとかでしょうかね。

大川隆法　海外では、一時間遅れるというのはありましたけど、あまり都会人ではないですね。

生霊　うーん。

大川隆法　でも、ちょっと典型的に出ているね、このへんに性格が。

酒井　そうですね。

それでいいと思っていたんですか、やっぱり。

生霊　いや、「いい」っていうか、私の動きに合わせてくださるのが、林さんだったり、千場さんだったり、あるいは、小川さんだったりの仕事だったんですよ。

プレアデスには「自己客観視」や「反省」などは存在しない？

酒井　ただ、あなたの傾向性として、他人に対してはものすごく責め立てるじゃないですか。

生霊　それは愛のムチですよ。

酒井　でも、自分のことは一切分かっていないでしょう。

生霊　「分かっていない」って、どういうことですか。

酒井　ちょっと話が逸れますが、（あなたの出身星である）「プレアデスには鏡がない」でしょう？

生霊　鏡？

酒井　自分の顔とか、ちゃんと見たことがないでしょう。

生霊　いや、そんなの、もう光り輝いていて見えませんよ。

酒井　だから、自己客観視するものがないんですよね。

●プレアデス　「昴」とも呼ばれる、牡牛座にある散開星団。プレアデス星団には、「美」と「愛」を重んじ、欧米人に近い外見を持つ人類型宇宙人が住んでいる。「魔法」や「ヒーリングパワー」が使える。『ザ・コンタクト』（幸福の科学出版刊）等参照。

生霊　「自己客観視」なんていう言葉は存在しませんから、そもそも。

酒井　でしょう？

生霊　もう、光り輝くのみですから。

酒井　だから、「反省はできない」ですよね。

生霊　「反省」なんていう教えはないですから、そもそも。

酒井　では、今まで、あなたの責任で仕事に遅刻したことは一度もないんですか？

生霊　ないですね。もう、すべて運転手、あるいは秘書たちのスケジューリングが不十分だったからですよ。

「器が小さく、否定的な言葉が多い」という若手職員の感想

酒井　（聴聞席の山﨑義久・幸福の科学宗務本部庶務局職員に）この話を聞いて、山﨑さん、どうですか。新入職員として入ってきた人としては。

山﨑　そうですね。何か、すごく〝小さい感じ〟を受けます。

酒井　何が小さいんですか。器が？

山﨑　宏洋さんは、すごい、憧れるような方かなと考えていたんですけれども……。

生霊　ほら！　憧れる人。やっぱりそうなんだ。憧れの存在でしょう？

山﨑　話している姿を見ていて、すごく、こういう人にはなりたくないなあと思いますし（会場笑）。反面教師として、これからの職員人生を頑張っていきたいなと思いました。

生霊　大丈夫。あなたは、決して、俳優とかになるような人じゃないから、そこは大丈夫だよ、気にしなくても。私と比べなくて大丈夫だから。

山﨑　私もいちおう芸術系のことを専門としてやっていて、俳優の方について、どういう方が成功しているのかとか、そういうところを見ていたんですけれども、たいへん失礼かもしれませんが、あなたの考え方から想像して未来を見ると、成功している姿というのが、個人的にあまり見えないといいますか……。

生霊　大丈夫。未来は切り拓くものですから。まだ拓かれていないんですよ。大丈夫ですよ。

酒井　今の話を聞いていて、何がいちばん引っ掛かりましたか。「それでいいの？」と感じたところは？

山﨑　うーん、すごく否定的な言葉が多いなと思います。

大川隆法　なるほど。

生霊　何ですか？　否定的な言葉って。

山﨑　私は、宏洋さんを否定するために言っているのではなくて、未熟な身ではありながら、「こうしたら、もっと素敵な方になる」とか……。

生霊　いやいや、もう十分に素敵な方だから。

山﨑　「もっと、より素晴らしい方になる」といいますか……。

生霊　いやいや、いいから。それは、君の考えることじゃない。

山﨑　そういうふうに思うんですけれども、それに対して否定されるということは、素晴らしい、成功している姿を、あなた自身で否定されているんじゃないかなと思います。

生霊　いや、そんなことはありませんよ。もう私のなかでは、自分が、世界中からキャーキャーキャーキャーキャー言われて称賛されている姿を、常にイメージングしていますから。

山﨑　周りの方は、そういうふうには思っていないんですけれども。

生霊　だから、それが、これから変わってくるんですよ、プレアデスの魔法で。

山﨑　成功している方は、周りの人から押し上げられて成功している方々が多いんですけど。

生霊　大丈夫。そこは、将来、周りの人たちが私に引き寄せられてくるから大丈夫ですよ。

6　ずさんな日々の行動の言い訳

映画撮影のスケジュール調整ができなかったのは、部下のせい？

大川隆法　去年の「さらば青春、されど青春。」（製作総指揮・大川隆法）の撮影で、二週間も間が空いて、スタッフが八十人ぐらいいたのかな？　みんな仕事がなくて困っていたようですね。

それは、（宏洋氏が）個人的に自分が出る劇の予約を入れていたからなんですが、それを、「松本さん（松本弘司・幸福の科学専務理事 兼 メディア文化事業局長 兼 アリ・プロダクション〔株〕社長 兼 HSU講師。収録時点）のせいだ」と言っていました。

生霊　いや、本当ですよ。スケジュール管理ができないんですよ、あいつ。

大川隆法　プロのほうに交渉をしていて、それに時間がかかったために撮影スケジュールが遅れたんです。本来は、その時期には映画の撮影が終わっているはずだったので、（宏洋氏が）劇の予定を入れたらしいのですが、映画のスケジュールがズレても、「自分の劇のほうを優先して（撮影を止めたために）、何十人もの人が、みんな仕事なしの状態になり、何千万円かのロスが出た」んですよ。

これが、去年の（宏洋氏の）ＮＳＰ社長解任の大きな理由の一つにはなっているんです。演技は下手なのに、それを何とも思っていないっていうあたり。何千万円ものロスを出しながら、「松本が悪い」ということに、いつもしていたので。

生霊　いや、松本が悪いんですよ、あいつが。

酒井　劇で得る収入というのは、たぶん数十万円程度でしょう?

生霊　違いますよ。

酒井　幾らもらったの?

生霊　将来、引っ張ってもらえるところを考えれば、もっとおっきいですよ。その場でもらえる額は小さいですけれども、将来の仕事につながると思えば、もう、金銭で換算できない価値を含んでいるんですよ。

酒井　ただ、あなたの立場は、一役者だけではないですよね。マネジメントもあるんですよ。

生霊　そうですよ。社長ですから。

酒井　それをどう思っているの？

生霊　だから、ちゃんと、そこのスケジューリングを調整できなかったのは、部下たちの責任ですよ、ほんとに。

酒井　あなたが、いちばん率先して、この作品を成功させなくてはいけないんじゃないの？　お金の面も考えて。

生霊　だから、プロモーションは、すごく頑張ったじゃないですか。

酒井　プロモーションを頑張った？

大川隆法　いや、しなかったじゃないですか（笑）。

酒井　年初から、ツイッターか何かで、また妨害しそうなことを言っていたじゃないですか。

生霊　でも、大川宏洋が出ているっていうので、もう十分、信者さんに対してはPRになっているんじゃないですか。「宏洋様が出ているんだったら、観に行こうかしら」、「宏洋様が総裁先生の若いころを演じていらっしゃるんだったら、ぜひ観に行こう」って。

ほかの人が演じても、今、竹内さん（竹内久顕・幸福の科学メディア文化事業局担当理事兼アリ・プロダクション〔株〕芸能統括専務取締役）が何かやっているけどさあ。竹内さんが総裁先生の役をして、どれだけの信者さんが観に行きますか？　やっぱり、私がやっているから観に来られたところはあるでしょう。

酒井　「幸福の科学色」をなくして、新しい層を開拓（かいたく）しようとしている？　そうすると、あなたのYouTube（ユーチューブ）も、結局、信者さんを頼（たよ）っているっていうこと？

生霊　違いますよ。

酒井　違うの？

生霊　私の劇とか、（教団の）外のところでやっていて、そこでできたファンとか。

酒井　いるの？　そんなファンが。

生霊　あるいは、友達とかに観てもらって、少しずつコアな……。

酒井　最近、（YouTube の再生回数の）数字が伸びているでしょう？　どうして伸びたの？

生霊　それはもう、注目を浴びているからでしょう、やっぱり。

酒井　注目を浴びた？　それは、教団内でちょっと騒ぎになったからじゃないの？

生霊　でも、外の人から見ればね？　外のマスコミの人たちから見れば、「これは、普通に取り扱ったら、ちょっと危ないぞ。これは、もしかしたら、幸福の科学の高等戦術かもしれない」っていうふうに思っているわけですから。

酒井　では、それはあなたの作戦なんですね。

生霊　と、見せかけるのも作戦ですよ、やっぱり。それは私の知恵（ちえ）ですね。

酒井　ああ、そうですか。そのようにして、外の人を取り込（こ）んでいくと。要するに、「幸福の科学色」をなくして、外につながろうとしているわけですか。

生霊　そうです。「もう、幸福の科学とは関係ありませんよ」ってやって。それで、一般（いっぱん）の新しい層を開拓（かいたく）しようとしているんですから。

酒井　なるほど。

生霊　これは、あなたたちにはできないことでしょう？

自分が書いた脚本ではないから、やる気が出なかった？

酒井　だけど、あなたには、まだ、「さらば青春、されど青春。」の仕事だって残っているわけじゃないですか。

生霊　ありますよ。

酒井　ＤＶＤとか。

生霊　ありますよ。

酒井　それに対しての損害はどうなるの？　そういうことを言って。

生霊　いいんですよ、それは。

酒井　では、損害賠償(ばいしょう)は受け入れるということですね？

生霊　違いますって。

酒井　はい？

生霊　だから、私が出ていても（ＤＶＤを）売ればいいじゃないですか。

大川隆法　顔だけをぼかしてＤＶＤを売るっていうのも、けっこう厳しいよね（会場笑）。

酒井　厳しいですよね。しかし、もう、（映画の）全体の八割か九割出ていますからね。

生霊　まあ、九十五パーセント出ていますからねえ。

酒井　はい。

千場　（顔をぼかすと）映画としておかしいですよね。

大川隆法　ダメージはかなり大きいですよね。

酒井　大きいですよね。

大川隆法　ほんとに。

デートで朝帰りして撮影現場に行っていた

林　総裁先生の役をされていましたが、その撮影の期間中に、（宏洋氏は）自分の彼女とのデートを優先させて……。

酒井　彼女とデートに行っていた？

林　ええ、行っていました。それで、「台本を覚えてないや。どうしよう」とか言っていましたよね。

生霊　でも、私は、一夜漬けで一瞬で覚えるからいいんですよ。そんなことは、もう、現場でパッと見て、パッとやるから。

林　しかも、朝帰りのまま、現場に行ったりしていましたよね。

生霊　そういう〝最悪のコンディション〟でも、ちゃんとどこまでできるかという、これは、総裁先生を見習っているんですよ。

大川隆法　（ため息）

林　そんな状態で、よく先生の役を演じようと思いましたね。信者さんを裏切るとは思わなかったんですか。

生霊　どこが裏切っているんですか？

林　そんな、プライベートを優先させて、役づくりにまったく専念しない。現場に入っても、台本を覚えていない。そして、休みの時間中はずっと寝ているとか。そのため、周りのスタッフも、そうとう辟易していたと聞きましたけど。

大川隆法　脚本原案は、（大川）裕太がつくったものに、手を入れたものなのが……。

生霊　いや、あれはほんとに面白くない。

大川隆法　それで腹が立って、「自分の脚本ではないから、やる気がない」と、こう来るわけだよね。

生霊　ほんと、あんなつまんないもの。ほんとにつまんないですよ。

大川隆法　だけど、あなたが書いた（「さらば青春、されど青春。」の）脚本は、「宏洋の人生」だったからね。

生霊　そうですよ。

大川隆法　「宏洋伝」だから。

だけど、あなたの「宏洋伝」を、今、出すところはないでしょう？　映画だって、本だって、それはまずないでしょう。

酒井　面白くないですよね、「宏洋伝」なんて。

生霊　いやいや、面白いですよ。「こんな波瀾万丈(はらんばんじょう)の人生があるんだな」って。

酒井　面白い？

生霊　面白いですよ。こういう人生は。

「仕事人としての基本」はどこにあるのか

酒井　ただ、今、林さんの言ったことに対して、何の反論もできないじゃないですか。

生霊　何がですか？

酒井　仕事人として、どうなんですか。「仕事はキチッとやる」っていうのが、あなたが会社勤めから戻ってきたときの……。

生霊　だから、ちゃんと撮影には出たじゃないですか。

大川隆法　「基本なくして応用なし」だよね。

生霊　そうですね。会社で習ったことですね。

大川隆法　習ったのはそれだけだよね。

林　でも、逆に、あなたのどこに基本があるんでしょうか。

酒井　どこに基本があるんですか。

生霊　「ちゃんと、現場に姿をしっかり出す」「演じて帰る」。これが基本ですよ。

干場　でも、「好き勝手にやらせろ」と言って、自分で当会から出ていっておきながら、結局、今日は、「お金がない、きつい」と言って、（生霊として）ここに来ているんですよね。

生霊　そうですよ。

干場　それはちょっと本末転倒（ほんまつてんとう）というか、自分が、利益や成果をあげられない証拠（しょうこ）なんじゃないですか。そういう理由でここに来ているんだったら。

生霊　違う違う。「大川家の長男を、こんなふうに扱っていいのか」っていうことですよ。

千場　それは、あなたがやってきたことに対して、私たちは判断をしているんです。私たちは、あなたを信仰(しんこう)しているんじゃなくて、総裁先生を信仰しているわけですから。

酒井　あなたは、「大川」という姓(せい)を自分で取ったじゃない。

生霊　そりゃそうですよ。

酒井　だから、自分から出ていくということでしょう？

生霊　違いますよ。

酒井　違うの?

生霊　違いますよ。外に対して、「宏洋です」って言っているんですよ。

7 「私を二代目に」という要求

大川姓を取ったのは本気ではなく、脅しだったのか

大川隆法　大川姓が要らないんだったら、婿に行けばよかったのに。

酒井　宏洋という名前まで嫌なんでしょう?

生霊　そんなの、改名するわけにいかないじゃないですか。

酒井　大川を取りましたよね。

生霊　宏洋まで変えてしまったら、私、先生との縁がもう完全に切れますよ。

酒井　切りたかったんじゃないですか。では、名前は残しておいて、ギリギリのところで、脅しをしていたわけですか。「僕がいなくなってもいいの?」と。

生霊　そうですよ。そうじゃない?

酒井　これは脅しなんだ?

生霊　大川の名前を取ることで、「教団から出ていくぞ」って見せて、「あんたたち、俺の言うことをきかないと、このまま出ていくけど、ほんとにいいの?」って言ったら、あんたがたが「いいですよ、どうぞ」って言ってきて。これがほんとに弟子たちの姿勢なのかっていうので、今、怒ってるわけですよ。

「私を二代目総裁にしなさい」という要求

酒井　あなたの要求は、結局、何なんですか。

生霊　「二代目にしなさい」ってことですよ。先生がいらっしゃる前で言うのはあれですけれども……。

大川隆法　（言葉を遮って）これは〝磯野的（な表現）〟ですね。そんなことを（宏洋氏が）言うはずがありませんから、磯野的です。「申し訳ない」わけがないでしょう。そんなことは、あるわけないはずです。はい、続きをどうぞ。

生霊　だから、「私を早く総裁にしなさい」っていうことですよ。

大川隆法　まだそう思っていたわけですか。それは知りませんでした。

酒井　今もそう思っているんですか。

生霊　そりゃそうでしょ、だって。

酒井　「こんな名前を付けやがって、チェッ」とか言って、これだけ先生のことを間接的にけなしていながら、それで、エル・カンターレ信仰(しんこう)の団体に戻(もど)ろうとしたわけですか。

生霊　だから、二代目の私を信仰する団体に変えようとしてたわけですよ。

酒井　エル・カンターレ信仰はどうなるんですか。

生霊　もう、天高い高いところにお祀りするんですよ。

映画の主演をして、「教祖になれるのではないか」と考えた

大川隆法　最初は、「芸能部門だけでも、二十年ぐらいサラリーマンでやらせてくれたらうれしい」と言っていたのですが、やってみて、主演とかをしてみたら、そこに信者さんの動員もかかるので、たぶん、「自分が教祖のようになれるのではないか」という感じを得たのでしょう。

生霊　そうですよ。数百万人とか。

大川隆法　広告塔として教団の看板になればと？

生霊　そうです。「顔」ですから。

大川隆法　その手があるということに、たぶん気がついたんでしょうね。

酒井　では、ツイッターの数とかで千眼（せんげん）（美子（よしこ））さんに負けたのは痛かったわけですね。

生霊　大川家でもない人がポッと出て。なんであんな人がいきなり出てきたんだって。

酒井　それで、こだわっていたわけですか。「千眼さんはもう大川家に入った感じだ」みたいな。

生霊　いや、ほんとですよ。

酒井　すごい怒ってましたよね。

生霊　それは怒ってますよ。

酒井　「先生の子供になりやがって」みたいな……。

生霊　そうですよ。

酒井　要するに、「数こそ、教祖への道だ」と思ったわけですね。

生霊　どれだけ信者さんとか一般(いっぱん)の人たちの支持を受けるかですよね。信仰心に似たようなもんですから。

酒井　しかし、これで、（宏洋氏への）信者さんの支持は減ったのではないでしょうか。

「自分のほうが、若い人の感性に近い」という主張

大川隆法　当初、映画「さらば青春、されど青春。」の動員数が低かったので、みんな、やる気のないことがよく分かりました。

生霊　エル伝（エル・カンターレ信仰伝道局）がたるんでるんですよ。

大川隆法　「いちおう幸福の科学の作品である。とりあえず、当会の作品として実績がある程度ないと、あとが続かないから、宏洋のことが嫌(きら)いでも頑張(がんば)れ」と言っ

て、やらせたのです。それで、何とか映画「君のまなざし」を少し超えたところで最後着地はしたのですが、みんな、本当にやる気がありませんでしたよ。

生霊　だから、ほんとエル伝、やる気ないですよ。

酒井　いやいや。これは教祖伝ですから。

大川隆法　それでも、あなたが書いた脚本ではないから、みんな、何とか観ることができたのです。あなたが書いた脚本だったら、もう観ることもできなかったはずです。

生霊　いや、でも、私が書いた脚本だったら、一般の人の動員がもっと伸びたかもしれませんよ。

大川隆法　それだと「宏洋伝」ですからね。

生霊　私のほうが、やっぱり、若い人たちの感性に近いんじゃないんですか。

酒井　最近、パンツ一丁とかになっているのは、「あの感性だとうけると思っている」ということですよね。

生霊　「こいつ、うわー、ここまで、ギリギリやってやがる」みたいな、そういうところを今狙(ねら)ってるわけですよ。正統派であっても。

酒井　ギリギリでやるのが、なぜ、そんなにうれしいんですか。

生霊　普通に、真面目に……。だから、幸福の科学の職員みたいに真面目にやってても、ほんとつまんない。精舎とか、支部の支部長の話とか、誰も聴きに来ないのと同じように、なんか真面目腐って話してても、観る人、聴く人いないですよ。だから、「こいつ、おもしれーなあ」「こいつ危ねえけど、おもしれーなあ」みたいに思ってもらわないと、駄目なんですよ。

酒井　（聴聞席の花島咲輝・幸福の科学宗務本部第一秘書局職員に）花島さん、ギリギリでやっている人を見て、「いいな」と思うような人は、若い人のなかに、そんなにたくさんいるんでしょうか。

花島　あの映像を拝見したんですけれども、正直……。

生霊　ファンになったでしょ？

花島　見るに堪(た)えないほど、かっこ悪くて。お腹(なか)がたるんでいて、鍛(きた)え方が足りない感じ。そんなに見せる体ではないかな（会場笑）。正直そう思ってしまいました。

生霊　大丈夫(だいじょうぶ)。あなたはそんなに男性のこと知らないでしょ？　どうせ。

酒井　というか、少なくとも若い女性の関心は引けなかったということですよ。

花島　かっこ悪いし、先ほどの話を聞いたときも、「体を鍛えようとしたけど、気持ちが負けてしまって続かなかったんだ。結局、そういう意志力の弱さが、たるんだ体をつくったんだな」と、正直、思ってしまいました。

大川隆法　ああ。

花島　ちょっとかっこ悪い。

大川隆法　（生霊に）あなたの妹は、「お腹のところの筋肉が六つに割れてから出てこい」と言っていました。

酒井　（笑）

8　幸福の科学の根本の教えは「愛される愛」？

マンガのなかに普遍的なテーマがあると考え、マンガしか読んでいない

大川隆法　あと、糖質を摂らないでタンパク質ばかり摂ったために、頭に糖分が行かなくなって、頭がものすごく悪くなったのではないですか。頭は糖分でしか動きませんからね。ライザップに行くようになってから、私はそう感じるんですけどね。

酒井　最近、書物とか読めますか。

生霊　読んでますよ。

酒井　マンガじゃないものですよ。

生霊　いや、マンガですよ、もちろん。

酒井　マンガではない、普通(ふつう)の書籍(しょせき)は読めないでしょう?

生霊　書籍は読まないですね。やっぱり私は体験派ですから。

大川隆法　うちの本より、「少年ジャンプ」のほうが偉(えら)いと思っているでしょう?

生霊　いやいや、それはもう。やっぱり、あそこにねえ、普遍(ふへん)的なテーマが流れてます。

大川隆法　読者が多いですからね。

生霊　そうなんですよ。数百万部出てますから。

「いかに光り輝いて、他人から愛されるか」を伝えたい

酒井　「少年ジャンプ」的なものが、幸福の科学の弘める教えであるべきだということですか。

大川隆法　まあ、十倍以上の力があるとは思っているでしょう？

生霊　やっぱり、世の中の人たちの心をつかむには、ああいう要素も入れてないといけないんですよ。

酒井　入れるのはいいとしても、根本的な教えは何でしょうか。幸福の科学で伝えるべき教えは何でしょうか。

生霊　「愛」でしょ、やっぱり。

酒井　どういう愛？

生霊　「愛される愛」でしょ。

酒井　愛される愛？

生霊　うん。

酒井　それを伝えたいんですか。

生霊　「いかに光り輝いて、他人から愛されるか」ってことでしょ。

酒井　（苦笑）

『正心法語』に出てくる「我見」の意味が分からない

大川隆法　（YouTubeの動画で）「銀魂」という映画を推薦していましたが、あれは、幕末の話を少し使っているだけで、歴史は全然デタラメにしたギャグですし、監督自らがいろいろなものを〝パクり〟まくってつくった映画ですよね。だから、宏洋そっくりなんだけど、「パクリ映画だけど、ギャグで面白ければいい」ということなのでしょう。また、「銀魂パート2では下ネタがたくさん出てくる」と宣伝もしていたようです。

まあ、要するに、笑いの質が少し低いのです。幸福の科学はかなりインテリ宗教なので、みんなはついていけない感じなのです。

（生霊に）あなた自身、当然、職員の平均レベルに到達していませんが、会員の平均レベルにも到達していなくて、実は、入会して一カ月の新入会員のレベルぐらいではないかと、だいぶ前から言われてはいたんですけどね。

酒井　どうですか。それについて反論はありますか。

生霊　いやいや、もう、信者さんのレベルは超えてますから。

大川隆法　教学をして本を読んでも、分からないのではないですか。さっき（大川）紫央さん（幸福の科学総裁補佐）が、『仏説・正心法語』の経文を書いていたのですが、「『我見　我欲を　離るべし』と言っても、宏洋が読んだら分からないんじゃないか」と言っていました。

生霊　いや、もう、「我見」なんて読めないですよ。意味も分からないですし。

大川隆法　漢字が多いと分からないらしく、経文では頭に入らないようなので、（生霊対策として）相合傘（あいあいがさ）を書いて、その下に大川宏洋と斉藤愛（さいとうあい）（幸福の科学理事兼（けん）宗務（しゅうむ）本部第一秘書局長。収録時点）と書いたら、ものすごく反応して嫌（いや）がったのです。

生霊　いや、さすがにちょっと斉藤さんはねえ。

大川隆法　それは明確に反応が出ました。

生霊　いや、それはねえ。

大川隆法　しかし、漢字で書いた経文では反応が出ないんですよ。たぶん分からないのでしょう。

「花より男子」に登場する不良のようになりたかったのか

酒井　高校時代よりも学力が落ちたのではないでしょうか。

大川隆法　落ちているのではないでしょうか。マンガしか読まないんでしょう？　マンガとアニメぐらいでしょう？

生霊　マンガは見て、アニメと、あと映画とか、そういうのは観てますけどね。

酒井　要するに、あなたは、マンガのなかから「いいな」と思ったものを使っているだけでしょう？　パクりまくって。

生霊　いや、違（ちが）います。私の作品づくりの根本（こんぽん）は、「自分の人生がいかに大変だったか」っていう、そこからですよ。私の経験で得た苦しみとか、つらかったこととか、悩（なや）んだこととか、そういうものを昇華（しょうか）して、「みなさんも大変な人生を生きてるでしょ？　でも、私も明るく生きてるから、みなさんも頑張（がんば）って生きていきましょうね」っていう……。

大川隆法　いや、大変だったのは、あなたを生んだ親のほうです。それは大変でしたよ。

ただ、あなたのような人は、日本には何百万人も何千万人もいると思います。全然珍（めずら）しくないのです。どこにでも転がっています。親が標準より上まで上がった人の場合、息子はだいたいこうなっていることが多いですから。

酒井　よく聞くパターンですよね。あなたは、独自の人生を生きていると思っているけど、ボンボンの典型ですよ。こんな話は、似たところにはたくさんありますからね。

生霊　教祖の息子の人生って、そんなによくありますか。

大川隆法　「花より男子」というドラマに、F4という御曹司の四人組が出てきますが、「まあ、あんな感じになりたかったんだろうな」というのは分かります。
しかし、しょせんマンガです。不良をしながら、何百万人もの従業員を持っている財閥を継ぐなんて、そんなアホなことはありえないことです。彼女に一発殴られたことぐらいで更生するような、そんな人生はあるわけがないので、しょせんマンガはマンガです。あなたの人生観は、その程度で底が浅いのです。

与えられてきたことを思い出すことは、「できません」

酒井　（ほかの聴聞者に）どうですか。

長居　素朴な質問ですが、先ほど、愛の教えがいちばん大切だと……。

生霊　だって愛でしょ？　四正道のいちばん最初は愛でしょ？

長居　宏洋さんが愛を感じるときは、最近ではどういうときでしょうか。

生霊　常に私は愛されていないですよ。親からの愛も得られてないですし。

長居　でも、もし愛を当会で広げるとしたら、やはり、仏法真理（ぶっぽうしんり）に照らし合わせて、自分自身が経験した愛の教えを広げていかなければいけないのではないでしょうか。

素朴な疑問ですが、宏洋さんが愛の教えを広げたいのでしたら、最近、感動したことは何かありましたか。

生霊　何を言ってるか、ちょっとよく分からない。

長居　愛について経験されたことは何ですか。

生霊　え？　「振（ふ）られたこと」でしょ、だって。

酒井　「振られたこと」が、みんなに伝えたいことなんですか。

生霊　失恋の苦しみとか、そういうことでしょ。今はもうすでに、親子の情愛とかも断ち切られようとしてる。

長居　先日も（大川）咲也加さん（幸福の科学副理事長 兼 宗務本部総裁室長）に（霊言で）指摘されていましたけれども、本当は、「総裁先生から愛されたい」という思いがいちばん強くて、いろいろと反発されていると思うんです。ですから、一度、白紙の目で、白紙の心で、今まで総裁先生から与えられてきたものを一つひとつ思い出して、その愛を感じるということはできませんか。

生霊　できません。

大川隆法　（苦笑）

生霊　できません。

長居　私がもし宏洋さんだったら、たぶん涙が滝のように溢れ出るぐらい、総裁先生から頂いた愛を実感すると思うんですよね。

「私ほどプレッシャーを与えられた人間はいない」という自己認識

酒井　人生で、「親から与えられた」と思ったことはありますか。

生霊　それ、私ですか。

酒井　はいはい。

生霊　いやあ、私の人生、やっぱり苦しみでしかないですよね、生まれたときから。

酒井　与えられたものはない？

生霊　与えられた……。うーん、まあ、言い方を換えれば、「与えられた」と言われるのかもしれませんけど、もう、プレッシャーの連続ですよね、常に。母親からも、しごかれまくりましたし。

酒井　プレッシャー？

生霊　まあ、それを与えられたと言うのか。

大川隆法　まあ、「プレッシャーから逃げる」という法則を、いつも、つくり出しましたよね。

生霊　うーん。

酒井　だから、与えられているものを知らないんですね。

生霊　「プレッシャーを与えられた」「重荷(おもに)を載(の)せられた」っていうことを「与えた」って言われるんだったら、私ほど与えられた人間はいないんじゃないですか。

酒井　それ以外に、ほかの人と比べて恵(めぐ)まれていると思ったことはないんですか。

生霊　ほかの人に比べて、どうですかねえ。確かに、生活面ではそんなに苦労はないですけども。

酒井　教育面とかであなたは……。

生霊　教育も、もちろん、ええ、つけてもらいましたけど。

酒井　塾とかに行かなかったら、勉強しましたか。

生霊　いや、しないですよ、そんな。基本、遊びたいですから。

酒井　（塾に行かなかったら）学校は、どういうところに行っていたでしょうか。

生霊　学校は、たぶん、行かないでしょうねえ。

酒井　そうでしょうね。中学も行ったかどうか分かりませんが、仮に中卒として考えましょうか。その場合、どういう人生になっていたと思いますか。

生霊　やっぱ、芸術方面に行くんじゃないですか。自分の経験から得たところの。

酒井　実力勝負ですよね。

生霊　そうですね。

酒井　今のあなたは、外の会社に脚本を持っていっても、通らないでしょう？

生霊　なかなか厳しいですね、外も。

酒井　演技のほうも、「いいね」と言ってくれて、実際に使ってくれるところはないでしょう？

生霊　なかなかそんなにないですよね。

酒井　それで、どうやって勝負するんですか。

生霊　粘(ねば)るしかないですよね、やっぱり。

映画で主演をさせてもらったことへの感謝がないのは、悲しい

大川隆法　（ため息）やはり、「主演させてもらって、ありがとうございます。未熟な私で出させていただいて」という気持ちがないのは、本当に悲しいことですね。その部分、誰(だれ)かが批判を受けているわけです。

酒井　そうですね。

大川隆法　先ほど、「本当は与えられている」という話も出ましたが、以前、建設会社に勤めていたとき、二十一万円の給料しかないのにベンツを買ったりしていました。

何千万円も入っている通帳を持って、毎日、五人ぐらいしかいない工事現場に通う人というのは、聞いたことがありません。私もさすがに「すごいな」と思いましたよ（苦笑）。ほかに、こんな人がいるのでしょうか。

生霊　家に置きっぱなしにできないですから。

大川隆法　取られると思ったんでしょうけど。

生霊　危ないですよ、ほんとに。

酒井　あなたには、「責任」というのはないんですか。

生霊　何がですか？　「ちゃんと自分の財産を護（まも）る」という責任があるじゃないですか。

大川隆法　お金を入れる必要はないと、まあ、こういうことですね？

生霊　本当ですよ。

9　総裁の恩情を「薄情（はくじょう）」と言う

「幸福の科学とは関係がない」と言いつつも、生霊は「薄情」と訴（うった）える

酒井　あなたは、今日もやって来て、「情けがない」と？

生霊　「薄情（はくじょう）だ」って言ったんですよ。

酒井　それはどういう意味なんですか。

生霊　いや、先生は、ほんとに子供たちを愛してくださってるんですよ。

酒井　それは分かっているんですね。

生霊　だから、私が……。

酒井　愛していただいているというのは分かっている？

生霊　それはそうです。

大川隆法　半分は磯野さん（の意識）が入っているから、ちょっと（笑）。〝いい人〟に見えてくるから、これは少し〝危険度〟があります。

酒井　総裁先生に（生霊が）入った場合は、絶対そんなことは……。

大川隆法　言わない、言わない。

生霊　いやいやいやいやいや。

大川隆法　まあ、私のことはほめなくていいですから。

生霊　いやいや。

大川隆法　何かの原因があるのでしょう。誰に原因があって、薄情になっていると思っているんですか。頭の毛がない人？　それとも女性？

生霊　（聴聞席の）いちばん後ろに座ってる人ですよ。

大川隆法　あの人は日本刀を振り回したいからね、本心は。

酒井　「薄情だ」というのは、要するに、「周りのみんなは、宏洋さんに対して薄情なことをしている」と？

生霊　この状況から見て、薄情じゃないんですか。

大川隆法　あなたは、「幸福の科学とはもう全然関係がないし、縁もないし、大川という姓さえも捨てて、私は独りでやっているんです。今までひどい目に遭って、地獄のような生活をしてきたから、何にも怖いものはない」と言って、パンツ一丁で生きていけるというぐらいの自己ＰＲをしていました。

つまり、「何も関係がないと思って、やっていける」と思っているわけですよね。

ただ、高額な給料をもらいながら、「幸福の科学とは何も関係がない」と言える人は、珍しいです。手伝ってくれる職員が常時三人以上ついていて、お車もついて（当時）、食事係に食事もつくっていただいて。

酒井　洗濯もしてもらって。

大川隆法　あと、ライザップの経費がどこから出ているのか知らないけれども、それで「関係がない」とおっしゃるなら、教団とは関係のないように清算していかなければいけないでしょう。

ところが、そうしたら、「薄情だ」と言うんでしょう？

生霊　そうですよ。

大川隆法　おかしいです。嘘つきです。

生霊　パ、パフォーマンスですよ、それは。駆け引きですよ、そこは。

大川隆法　ほお。

酒井　そうすれば、必ず先生が助けてくれると思っているんでしょう?

生霊　そうですよ。まさか先生が私に、本当に「はい、出ていけ」っていうふうになされるはずがないんですよ。

酒井　それが、本当にボンボンの典型ですよね。「僕だけは何とかなる。僕だけは助けてもらえる」と。

NSP内部からも嫌われ、社長の解任決議をされていた

大川隆法　（ため息）まあ、映画「さらば青春、されど青春。」の主演をやる前の年、「三国志」の劇をやったとき、NSPの役員会にて、全員一致で解任決議をされ、社長を解任されているんですよね。

「君のまなざし」の上映が終わった六月に社長を辞めることになり、みんなに「ごめんなさい」と言って謝っているところに、私がなかに入り、「まあまあ、そう言わずにもう少し我慢してやってください。今はいちおう独身になっているから、恋愛をする権利がないわけではない。パワハラやセクハラに当たるのは、見てのとおりではあるけれども、独身は独身であり、どこかでやるのは決まっていることだから、外に出ないだけでもまだいいでないか」と言ってなだめて、次の主演までもっていったのです。

ところが、結局、同じようなことをまた繰り返し、周りから嫌われたのです。一

緒にやっている仕事仲間からも嫌われていたことは、本人も聞いているはずです。それから、外部の人も、何か知らないけれども、嫌がっているという状況でした。

フォローして歌をほめたところ、週刊誌に書かれる

大川隆法　そして、親父のほうは、（週刊誌に）「親バカ」と書かれて……。あなたの歌はねえ……。

生霊　そうですねえ。「Revolution!!」ね。

大川隆法　あんなに下手だとは知らなかったので（苦笑）。

生霊　でも、先生ほめてたじゃないですか。

大川隆法　いや、バンドを組んでいたというから、もう少しうまいのかと思ったのに。

それで、（二〇一六年の千葉・幕張メッセでのエル・カンターレ祭のときも）どうやってフォローしようかと思って、講演の冒頭で、必死にフォローして、「RADWIMPSよりうまいかもしれません」と言ったら……。

生霊　いや、ほんとですよ。

大川隆法　「親バカ」とはっきり書かれたので、世の中は正直なものです。私もそう思ったのですが。

まあ、（歌うときに会場で）煙をたいて、見えないようになっていたので、「まあ、いいのかな」と思ったのですけれども、マイクを股に挟んで走るのは、エルヴィス・プレスリーなら格好がついているし、そういうのは見たことがあるのですけれども、「宏洋がマイクを股に挟んで走ったら、格好がいいかどうか」は、私には分からなかったのです。

生霊　いや、格好いいですよ、たぶん。若い女性は、「キャー」と言ったんじゃないですか。

大川隆法　私は、その前に、「名古屋正心館か東京正心館で一回でいいから、歌の練習をやってくれないか。観客千人ぐらいで」と言ったのですが、断固として拒否しましたからね。

生霊　そんな小さいところで、できないですよ。

大川隆法　「サプライズが大事だから」と言って。

生霊　そうですよ。

大川隆法　「見せてしまったら、サプライズは効かないから」「一万人で大阪でやったトクマの歌では無理だから、自分が出るしかない」と言って、さいたまスーパーアリーナでやり、さんざんな評価を受けたのです。

まあ、不敬罪のような扱いでしたけれどもね。私のほうは、「そう思っていない」ということを言うために、「けっこううまかったのではないですか」というようなことを言ったら、その一言が叩かれてしまったのです。

本当に手がかかります。

信者に無理やり歌を聴かせるとなると、「公私混同」に当たる

千場　そうやって、先生に何度も何度もチャンスを与えられ、助けられ、そして、

社会的に窮地(きゅうち)に追い込(こ)まれたときも、先生の一言で踏(ふ)みとどまれたと思うんですけれども、それで今回、「薄情」と言ってくるのは……。今のお話で少しは分かったのでしょうか。

生霊　いや、だからねえ、あんたたちには分からない親子の情があるんですよ。薄情と言いつつも、「先生、ちゃんと私のことを救ってくださいね」っていうふうに言ってるわけじゃないですか。言葉をそのまま受け取るのは、ほんとワンパターン人間にしかできないんですよ。単細胞(たんさいぼう)。

千場　でも、私たちも、「仕事のレベルで、先生がかばってくださったんだな」「親子の関係なしに、仕事の上で、『こう処置します』というようにしてくださったんだな」ということは分かるので、やはり……。

生霊　薄情じゃないですか、ビジネスライクで。親子の情がもうなくなってるんですよ。

千場　いや、それは、「あなたがやったことの責任を、先生が取ってくださっている」ということですよ。あなた一人では何もできないぐらい大きなことをしたから、先生が、「では、しかたがないけれども、こうしよう」というようにして、かばってくださったのです。何度も何度も。

大川隆法　まあ、それよりも、業界レベルでの客観的な実力が見えていないのではないかという気がします。

歌では、そういう結果でしたが、そのころ宏洋が言っていたのは、「自分の歌を十何曲かつくって、福山雅治（ふくやままさはる）のように、五千人ぐらいの全国ツアーをやりたい」ということでした。「五千人ぐらいなら教団の信者を集められる。そうしたら、福山のように見える」ということで、やろうと思っていましたよね？

このへんの、教団を使ってやろうとしているところが、「公私混同」と言われることに当たるわけです。実力が本当にあって、福山雅治ぐらい歌えるのであれば、もしかしたら教団のＰＲになる可能性があり、公私混同ではないかもしれないのですけれども、「本来なら聴いてくれない人たちを無理やり動員して、聴かせる」というなら、それは、教団を食っていることになるのです。

酒井　そうですね。

大川隆法　このへんのところなんですよ。

酒井　（聴聞席の岡部友香・幸福の科学宗務本部第三秘書局チーフに）岡部さん、歌はうまいと思いましたか？　つらい質問をしますが。

岡部　みなさんの前で歌うなら、もう少し上手に歌われたほうがいいかなと思いました。あと、先ほどから聞いていて、「すごく甘(あま)えているな。甘ちゃんだな」と強く思います。

大川隆法　甘ちゃん……。

酒井　「甘ちゃん」ですって。

林　作曲するために、目茶苦茶(めちゃくちゃ)高い機材を何台も買いましたが、埃(ほこり)を被(かぶ)っていますよね？

生霊　え？

酒井　本当にもう、ボンボンの典型です。しょうがないですね。「自分は甘えている」と思っていないんですか。

生霊　思ってないですよ。

酒井　「歌がうまい」と本当に思っているんですか。

生霊　「まだまだ努力の余地はあるな」とは思ってますよ。

大川隆法　友達とバンドをやっていたのは大学生のときで、タダで借りられるような五十人ぐらいの会場でやっていたんでしょう？　ですから、プロと言えるレベルではありませんよね。

酒井　少なくとも、あなたの音楽を買いたいという人がいると思いますか。

生霊　ＣＤを買ってる人いるじゃないですか。

干場　大学のサークルでも、うまい人はＣＤを出すぐらいはやっています。

酒井　それは、信者だから買っているだけであって……。

「社長」「副理事長」や「大川家の長男」へのこだわり

大川隆法　それから、千眼美子（せんげんよしこ）さんとの葛藤（かっとう）でも、ほかの人には、あなたの役者としての能力や技量が客観的に見えていたのに、自分一人には見えていないところがあったのではないでしょうか。

そして、「（千眼さんが）自分と共演してくださるのは光栄なことです」というような気持ちはなかったのでしょうか。なかったから、生意気（なまいき）に見えたのだろうと思います。千眼さんは共演しているので恋人（こいびと）のように振る舞（ま）わなければいけなかったでしょうが、それでも、ときどき気になるので、遠回しに（宏洋氏に）何かアドバイスをしていたのだろうと思うのです。

生霊　失礼ですよ。

大川隆法　そういう態度が、生意気に見えるんでしょうね。

生霊　それは失礼ですよ。ええ。

大川隆法　そういうときだけ、急に社長になるわけですね。

酒井　何か指摘されるのが失礼なんですね？

生霊　それは失礼でしょ。女優としては先輩かもしれないですけど、職員というか、教団に入ってからはまだぺーぺーなのに、いきなり副理事長に対して「あれ、ちょっと」って言うのは、失礼ですよ。

酒井　そこで急に、「副理事長」を出してくるわけですね。

生霊　失礼ですよ。

酒井　副理事長に対して、失礼なんですね。

生霊　言えないでしょ、だって。

酒井　もっと言えば、「長男に対して、そういうことを言うな」ということでしょう?

生霊　うん、言えるはずないでしょ。

酒井　あなたは、「大川家の長男なんて、もう嫌だ」と言いながら、結局、そこでは、「長男だ」とか「副理事長だ」とか、そういうことを持ち出しますよね。

生霊　そりゃ、そうでしょ、だって。

酒井　なぜ?

生霊　だって、私がそうだからですよ。

誰にも批判させないように固めていた役職

大川隆法　でも、「メディア担当の副理事長 兼 NSPの社長 兼 脚本家 兼 主演」で、誰が批判できますか。完全に批判させないようにしていますよね。

酒井　誰も言えないです。監督でさえ言えません。

大川隆法　ええ。監督にも、「お願いします。何事も経験ですから。下手なのは分かっているけれども引き受けてください」と、私からお願いして出してもらっているのです。監督のほうは嫌がってはいて、「僕はもっと一流の人を使いたい」と言っていたのですけれども、結局、新人ばかりを三人も使うのかという感じでやりました。

酒井　そのことについては、監督に対して、「自分の練習のために申し訳ない」という気持ちはなかったのですか。

生霊　いや、「練習」だなんて思ってないですよ。私のデビュー作ですから。

酒井　あなたはそう思っているかもしれませんね。

10　役者としての自己評価は？

映画「さらば青春、されど青春。」の出来栄(ば)えは？

酒井　あなたは、自分の映画の映像は何回観(み)たのですか。

生霊　「何回」って、何ですか。

酒井　自分の出た映像は。

生霊　それは、もう、完成時ぐらいですよね。

酒井　それっきりですか。

生霊　そんな何回も繰(く)り返しては観ませんよ。常に未来を生きてますから、私は。

酒井　未来……（苦笑）。今回の映画「さらば青春、されど青春。」では、反省する点はないのですか。

生霊　いや、自分のなかで、「ああ、もうちょっと、ここは、こういうふうに工夫(くふう)できたなあ」とかっていうのはありますから、それは、次の機会にやろうと思ってますよ。

酒井　「さらば青春、されど青春。」は、あなたの出来栄(ば)えとしては何点ぐらいなのですか。

生霊　うーん……、まあ、そもそも脚本が悪いですからね、あれね。

酒井　いや、脚本のせいにしなくても……。

生霊　だから、五点満点だとしたら、四点ぐらいですよ。

酒井　うん？　「五点満点」というのは、何ですか。

林　星五つ？

酒井　星四つなんですか。

生霊　違う、違う、違う。

酒井　え？

生霊　作品として、そもそも脚本が悪いから、もう、百点満点のなかで、最初からマックス五点なんですよ。その五点の悪い脚本のなかで、八割ぐらいですよ。

大川隆法　以前、（映画「君のまなざし」で共演した）水月ゆうこさんに対しては、「マイナス二十点」とか言っていたけれども、それよりはうまいのですね。

生霊　それはそうでしょうねえ。

大川隆法　ふーん。

生霊　やっぱり、いちおう、画面をもたせてますから。

酒井　千眼(せんげん)さんと比べたら、どうですか。

生霊　いや、その、比べられるのがねえ、癪(しゃく)に障(さわ)るんですよ。

酒井　比べたらどうなのですか。

生霊　そんなん、うーん……。なんか、聞く話では、「千眼さんのところは観られた。あそこから感動した」っていう声も聞こえてくるんで。

酒井　それは聞こえてきたんですか。

生霊　ええ。それは聞こえてきますよ。

酒井　友達は何て言っていたのですか。

生霊　いや、それは、「千眼さん、清水富美加(しみずふみか)さんはさすがだねって思う」って。

酒井　あなたはほめられましたか。

生霊　うーん、まあ、「もうちょっと頑張(がんば)るように」っていう感じですけどね。

動画をアップした思惑(おもわく)とは

大川隆法　あなたがパンツ一丁になったのを見ましたが、あれは、「『変態仮面』だったら出られる」という意思表示でしょうね。

酒井　そういう主張なんですか。そうなんですか。

生霊　「そういう際どいものでもいけますよ」と。だから、「鈴木亮平みたいになる」っていうことを、あれは意味してるんですよ。

大川隆法　うーん。

林　鈴木亮平さんは、そうとう努力されています。

大川隆法　体づくりがすごいですよね。二十キロ増減させるぐらいはやりますから。

生霊　「私も、いちおう、そういうキャラが狙えますよ」っていうことを示してるんですよ、あれは。

酒井　ふーん。あなたは、今後、本当に役者で食べていけると思っているのですか。

生霊　まあ、だから、いろいろ……。

酒井　「当会と関係なしで」ですよ。

生霊　うーん……、まあ、厳しいでしょうねえ。

酒井　厳しい？

生霊　厳しいと思いますよ。

大川隆法　でも、すでに、読みが失敗したのは感じているのではないですか。「自分の動画を公開して、幸福の科学の大川隆法の長男で、元副理事長で、そして、幸福の科学の映画の主演もやった人が、パンツ一丁で出て、ＡＶ男優でもできるぞという感じのＰＲをかけたら、マスコミが蜂の巣を突いたようになって、騒ぎが大きくなったら、ワアーッと人気が出るのではないか、オファーがたくさん来るのではないか」というように読んでいたのが、甘かったのではないですか。けっこう冷たかったでしょう。

生霊　まあ、期待したほどには騒がれなかったですねえ。

酒井　あれは、期待していたのですか。

生霊　そりゃ、そうでしょ。だって、幸福の科学、あるいは、その大川隆法の息子って、絶対、〝アンタッチャブル〟ですよ、マスコミ界からしたら。

酒井　やはり、それを利用しようとしたんですか。

生霊　「いや、実は、こういう人間ですよ」っていうのを、本当に裸になってさらけ出すことによって、「あっ、なんだ、面白いじゃん」「宏洋君、面白いじゃん」「呼んでみようかな」っていうふうになるんじゃないかって、それは期待しましたよ。

酒井　それは、幸福の科学とかは関係なくないですか。

生霊　いや、そのギャップですよ、やっぱり。
普通、「宗教の教祖の息子だったら、本当に真面目腐って、全然面白くないやつだろうな」って思ってたら、「いや、案外、こいつ面白いじゃん」みたいに思えるっていう。

自分を「上・中・下」で評価するならどのあたりか

酒井　ただ、そこに至る前に、「役者としての実力があるのかどうか」ですよね。

大川隆法　ええ。

生霊　まあ、それは、やっていかないと分からないでしょ。

千場　しかも、そう思ってやった結果が、今ですよね。

　また、先ほど、「やっていけるか分からない」と言っていましたけれども、このあとは、どういうふうにするつもりなんですか。

大川隆法　守護・指導霊（しどうれい）さんは、キムタク（木村拓哉（きむらたくや））を指導しているぐらいの気分でいるのでしょう？

生霊　そうです。だから、もう、その本人がやってるわけですから。本体ですから、私は。

大川隆法　「実力の差がどのくらいあるか」は、あちら（木村拓哉）も今は嫌（きら）われているようではありますけれども、でも、はるかに食べてはいけるレベルですから。みんなを食べさせるぐらいの力はありますからね。

林　キムタクと比べて、自分の実力はどうですか。

生霊　うーん……、まあ、我(が)の通し方で言えば、私も負けてはいないですよ。「自分というものを通す」っていう意味では。「これだけ叩(たた)かれていても、それでも、まだ、やる。自分を貫(つらぬ)く」っていうのは。

林　演技力も、特に差はないということですか。

生霊　演技力……。まあ、あの人が「演技してる」って言うんだったら、私だって演技してますよ。

干場　では、どうして、こんなに差が出ているのですか。

大川隆法　（笑）

生霊　なんででしょうねえ。

（約五秒間の沈黙）

なんですか？

大川隆法　千眼さんの守護霊に、「あなた（のレベル）はどのくらいなんですか」と訊いたら、「やっぱり、芸能界のレベルで言えば、下の上から中の下あたりを移行している途中ぐらいのレベルです。自分の立場はその程度です」という言い方でした。

酒井　今の感じでいくと、「上・中・下」のどのあたりですか。

生霊　誰（だれ）ですか？

酒井　あなたです。

生霊　「上（じょう）」でしょ、それは。

大川隆法　ということになるわけですね。

酒井　（苦笑）ありがとうございます。

生霊　「上（じょう）の上（じょう）」でしょ。やっぱり。

酒井　上の上ですか。本当ですか？　なぜ、上の上の人に声がかからないのですか。

生霊　いや、だから、見る目がないんですよ、まだ。

酒井　見る目がない？

生霊　まだ分かってないんですよ。

大川隆法　〝レボリューション〟は、幸福の科学に対してと、世間に対しての、両方が必要なんですよね？

生霊　そうです、そうです、そうです。そのとおりです。

「私が美の根源」という主張

酒井　もう、行き場がないですよね。世間も受け入れないし、幸福の科学も受け入れないし、これから、どう生活していくのですか。

生霊　だから、それが困ってるから、今、来てるわけじゃないですか。

干場　それだと、結局、当会頼(だよ)りですよね。「抜(ぬ)け出す」と言って飛び出しておいて、当会がなければ何もできないということですよね。

生霊　じゃあ、逆に言えばですよ、教団は私を必要としてないんですか。私が本当にいなくなって、いいんですか。

干場　脚本はほかの人も書けますし、演技もほかの人でもできますから。

生霊　いや、それも気に入らないんですよ。私がいなくなったら、急に咲也加さんが頑張って、三本も四本も（脚本を）書いて。

酒井　いや、あなたは、「ちゃんと教学をしなさい」と言っても、「嫌だ」と言うでしょう。

生霊　だって、読めないですもん。頭に入ってこないですよ。

酒井　当会は、何のために映画をつくっているのですか。

生霊　それは、もう、「芸術の法門」を開いてるんでしょ？　「美の法門」も。

酒井　ですから、当会は、「芸術の法門」で何を伝えているのですか。

生霊　だから、「私の世界」ですよ。

酒井　「私の世界」と言いましたけれども、あなたのためにあるのではないんです。

生霊　いや、私が〝美の根源〟ですから。

酒井　やはり、このなかでも、教えを弘めているんです。

生霊　でも、「真・善・美」とあって、その「美」の根源にあるのは私なんですから。

酒井　いや、あなたの「美」というのは、「私が美しい」とか、そういう話でしょう。

生霊　まあ、そうです。

酒井　「愛」も、「私を愛して」でしょう。

生霊　だから、私の心のなかにあるものが、「美」そのものなんですよ。

大川隆法　最近、「（大川宏洋が）醜（みにく）くなった」という噂（うわさ）が立って、困っているんですけれども。何か、もとより悪くなっているという……。

酒井　悪くなっている。

大川隆法　うーん。

11　下品な言動と、脚本の改変

不用心で、教団に害を与える恐れがある人

干場　その「愛される愛」というものを体現するために、自分の住んでいるところに女性を連れ込んでいるということですか。私が見た現場は。

生霊　おまえさあ、本当に失礼だよね。こいつ、本当に。本当はクビにしてやりたかったんですけどね。

酒井　クビにしたじゃないですか。

生霊　でも、まだいるじゃないですか。本当に、教団から追放したかったんですけどね。不敬罪ですよ。

酒井　でも、あなたの都合で決められるわけじゃないですからね。

干場　もっと堂々としていればよかったのに、自分の愛を体現しているわりには、すごく気まずそうにしていましたよね。それは、何か後ろめたいことがあったから、そのようになっていたのではないですか。

生霊　あのねえ、こういう公開の場で、そういうことを言わないんですよ、本当に。

干場　いや、でも、それが、あなたの「愛される愛」ということですよね。あなたが理想としている愛のかたちですよね。

生霊　別に理想とはしてないですよ。多くの女性から愛されることは、やっぱり、幸福の基(もとい)ですよ。

林　いや、ろくな女性がいなかったですよ。

大川隆法　（笑）厳しい。

千場　そのときは、酒に酔(よ)っているトカゲのような女性を連れてきましたよね。

大川隆法　トカゲ（笑）。

生霊　あんたに女の趣味(しゅみ)を言われたくないよ。

酒井　レプタリアンですよ（笑）。そういうタイプが好きなんでしょうから。

生霊　そりゃ、そうですよ。真面目腐ったのは、全然面白くないですから。

大川隆法　まあ、名前だけかもしれないけれども、少なくとも、芸能プロダクションの社長を張っている以上、そこの〝商品〟に当たる、売り出し中の子など、具合の悪いところは、もし、万一、何かで狙われたときには、教団全体にまで影響が出ることですからね。それは、「そんなことをしていいんですか」と言った干場のほうが正しいでしょう。

生霊　いや、だから、私のプライドを傷つけないように、そこをうまーく隠すのが、隠蔽するのが、あなたの仕事だったんでしょ。

干場　隠蔽といっても、それが、宏洋さんの愛のかたちなんですよね。どうして、報告するときに、それを隠蔽しないといけないんですか。宏洋さんは宏洋さんなりの愛を……。

生霊　いや、報告する必要ないじゃないですか。プライベートなんだから。

干場　でも、それが、宏洋さんなりの愛なんですよね。それなら、「そういうふうにしていましたよ」と、ほかの人に伝えても、別にいいのではないですか。

生霊　だから、なんで、プライベートをばらすの？

干場　でも、それは別に、宏洋さんのなかでの正しい愛なんですよね。愛のかたちなんですよね。

生霊　でも、プライベートでしょ。

干場　それは、プライベートであっても……。

生霊　プライバシーの侵害なんですよ。

大川隆法　いや、それは通らないのです。

千眼さんと恋人役で、名古屋でロケをする予定なのに、自分の彼女を名古屋正心館で（大川）真輝夫妻に紹介したりするところが駄目なのですよ。

「密やかな愛」というのも、恋愛としてはたまにはあるだろうとは思うけれども、そういうところが神経が切れていて、不用心で、教団に害を与える恐れがある人ですよね。

酒井　「彼女に実務を仕切らせる」とかいうようなことを言い出すから、おかしなことになるわけですよ。

生霊　いや、でも、基本的に、幸福の科学の、大川家の教えはそうじゃないですか。

酒井　うん？

生霊　主人がいて、それを補佐（ほさ）する奥（おく）さんがいるっていう。常に、このペアで仕事をしてるわけじゃないですか。

酒井　その人は、その能力があるのですか。

大川隆法　ほかの女性タレントたちも、嫌(いや)がっていたではないですか。

生霊　いや、それは信仰心(しんこうしん)が足りないんですよ。

酒井　あなたのために会社があるわけではないのです。

生霊　いや、でも、「美の法門(ほうもん)」を司(つかさど)ってるのは、私なんですから。霊障(れいしょう)で書いた脚本(きゃくほん)を幸福の科学の映画として通すわけにはいかない

酒井　だいたい、あなたは、まずは社長として仕事をしなくてはいけなかったのに、「まだマネジメントができていない」と言われていたじゃないですか。

郵便はがき

料金受取人払郵便

赤坂局
承認

5565

差出有効期間
2020年6月
30日まで
(切手不要)

1 0 7 - 8 7 9 0

112

東京都港区赤坂2丁目10−14
幸福の科学出版(株)
愛読者アンケート係 行

ご購読ありがとうございました。
お手数ですが、今回ご購読いただいた書籍名をご記入ください。

書籍名

フリガナ お名前	男・女	歳
ご住所 〒 都道府県		
お電話( ) −		
e-mail アドレス		
ご職業 ①会社員 ②会社役員 ③経営者 ④公務員 ⑤教員・研究者 ⑥自営業 ⑦主婦 ⑧学生 ⑨パート・アルバイト ⑩他( )		
今後、弊社の新刊案内などをお送りしてもよろしいですか? (はい・いいえ)		

愛読者プレゼント☆アンケート

ご購読ありがとうございました。今後の参考とさせていただきますので、下記の質問にお答えください。抽選で幸福の科学出版の書籍・雑誌をプレゼント致します。(発表は発送をもってかえさせていただきます)

1 本書をどのようにお知りになりましたか?

①新聞広告を見て [新聞名:]
②ネット広告を見て [ウェブサイト名:]
③書店で見て　④ネット書店で見て　⑤幸福の科学出版のウェブサイト
⑥人に勧められて　⑦幸福の科学の小冊子　⑧月刊「ザ・リバティ」
⑨月刊「アー・ユー・ハッピー?」　⑩ラジオ番組「天使のモーニングコール」
⑪その他 ( )

2 本書をお読みになったご感想をお書きください。

3 今後読みたいテーマなどがありましたら、お書きください。

ご感想を匿名にて広告等に掲載させていただくことがございます。ご記入いただきました個人情報については、同意なく他の目的で使用することはございません。

ご協力ありがとうございました。

生霊　まず、社長の仕事が分かんないんですよ。

大川隆法　「自分のスケジュールがつくれない」と言って、秘書ばかりを五人ぐらい替えたではないですか。

酒井　そうそう。

生霊　そうですよ、もう、言うこときかないんですから。

酒井　その秘書以外にも、運転手がいて、食事係がいて、洗濯係がいてという感じでしたが、これだけの人を抱えていたら、そうとう付加価値を出さないと厳しいですよ。あなたのために何人いたのですか。

生霊　逆に、そういう人たちの仕事をつくり出してるんですから、私がいることによって。

酒井　つくったかもしれませんけれども、では、あなたは、社会的、対外的に、あるいは金銭的にも、どういう付加価値を生み出したのですか。

生霊　いや、だから、脚本（きゃくほん）を書いたりとか、演技をしたりとかしてるわけじゃないですか。

酒井　ボツってばかりだったじゃないですか。

生霊　その「ボツってる」のも気に食わないんですけどね。

大川隆法　ですが、もう、明らかに霊障（れいしょう）で書いているものを、私の立場から通すわけにはいきませんからね。

酒井　そうですね。

大川隆法　もう、完全に霊障なんです。

酒井　それこそ、そうですよ。

大川隆法　読むと、頭がボーッとしてくるようなものばかりですから。

生霊　天才と狂（くる）ってる狂人（きょうじん）の境を狙うのが、私の特徴（とくちょう）じゃないですか。

大川隆法　それは、狂人に陥（おちい）る人もいます。腐る前の柿（かき）なんかがおいしいときもありますし、肉でも、腐る前ぐらいがおいしいという話もありますけれども、「腐ってしまったら終わり」です。

酒井　そうです。やはり、「霊障もの」を出すわけにはいかないんですよ。ですから、映画「さらば青春、されど青春。」に関して言えば、観（み）たら頭が痛くなる人もいたかもしれませんけれども、そこまではなかったわけです。やはり、霊障の脚本を通すなんて、宗教がやる映画としては無理でしょう。

生霊　えっ、じゃあ、酒井さんが、霊障の脚本かどうかっていう判定ができるんですか。弟子（でし）の判定については、私は基本的に、見る目がないなと思ってますよ。僕（ぼく）は先生しかねえ……。

酒井　ただ、外形的にも、「女性を連れ込んで同棲していて、シャワーを浴びているところを見てしまった」とか、「パンツが見えてしまった」とか、そんな話……。

生霊　いいじゃないですか。

大川隆法　劇（「俺と劉備様と関羽兄貴と」）では、とうとうやってしまいましたね。

酒井　ええ。

大川隆法　いろいろなところを何度も注意したのですが。

酒井　こんなものは、霊障うんぬん以前の問題で通らないでしょう。

大川隆法　品性の問題ですよね。

酒井　ええ。「これを通せ」というのが、そもそもおかしいですよ。「青少年に害を及ぼす」となったら、その映画は東京都などでは不健全とされますよ。

生霊　いや、そういうのが、真面目腐って面白くないんですよ。

酒井　ですが、普通はそうですけれどもね。

大川隆法　ただ、間違いがありますよね。
例えば、あなたが書いた「三国志」の劇では、張飛は、酒を飲んで、飲んだくれて、女に目がなくて、どうしようもない〝ド不良〟にしかすぎないように見えます。そういうふうに英雄たちを描いたら、青少年たちの理想はなくなってくるのです。

本当は、ちゃんとした正義のために戦うところが中心にあり、少しは粗野なところが周りにあったかもしれないけれども、そちらがメインではないのです。ですが、あなたが描きたいのは、そちらのほうなんですよね？「銀魂」と同じで、そちらのほうなんです。

酒井　なるほど。

宏洋氏の脚本の問題点

酒井　そうすると、宏洋さんは、世の中の若者全員が、宏洋さんのような人間になったら、この世の中はどうなると思いますか。

生霊　いや、全員そうなるとは思いませんよ。私はもう、異端児だと思ってますよ。私みたいなのが……。

酒井　〝信仰〟の下に、あなたのような人が理想だと信じてしまい、宏洋さんのような人にならなくてはいけないと思って、みんながまねをしたらどうなると思いますか。

生霊　それは、世の中狂うでしょうね。

酒井　狂うでしょう。

生霊　狂いますよ、それは。

酒井　でも、その思想を、自分の体験として広めているんです。「宏洋」を広めているんですから。

大川隆法　女性たちがあなたの脚本を読んだ感じでは、だいたい、「下ネタ攻撃がものすごく多くて、いやらしいのと、ドSの女子が出てきて、いじめるというパターンばかり。これはワンパターンね」ということでした。

生霊　それは、もう、私が付き合ってきた……。そうですから。そうですから。

大川隆法　あなたは、「松本のワンパターン」と言って責めるけれども、自分も完全にワンパターンに陥っていましたよ。ドSの女子ばかりしか出てこないんです。

それから、「さらば青春、されど青春。」でも、すでに終わったので明かせば、あなたの脚本には、長谷川奈央さんが演じるテニスシーンで、「テニスのラリーをしているときに、下からスカートを覗き込む」と書いてありました。こちらも、これが教祖伝だと思われると敵わないので、そういうのは勘弁してほしいのです。いくら何でも、これはないでしょう。

酒井　「先生がそれをやっていた」というのは、本当にそれでいいわけですか。

生霊　いや、そこは脚色の部分ですよ。まさか、総裁先生がそんなことをされるとは思わないですけども。

大川隆法　それは、アニメ的に見たら、面白いのかもしれませんけれどもね。

生霊　そうですよ。それはそうだし、青年男子たちは、やっぱり、そういう願望があるわけですから。

酒井　そういう人になってほしいわけでしょう?

生霊　いや、別に、そういうふうになってほしいとは言ってないんですよ。あくまでも、こうした……。

酒井　いや、でも、そういう人が親しみがあると思っているわけでしょう？　それこそ、先生がそういうふうにやれば、世の中の人たちも、「そういう人なんだ」という感じで親しみを持つだろうということでしょう？

生霊　親近感は湧くでしょうね。事実とはやや異なる脚色の部分ではありますけども、そうすることによって、「宗教の教祖っていうので、自分とは関係ないかなって思ってたら、実は、こういう人間っぽいところもあったんだ」っていうことで、急に親近感が湧く。「じゃあ、幸福の科学に興味を持ってみようかな」というふうになるわけじゃないですか。

大川隆法　それは、幸福の科学を解体する方法にはなるだろうと……。

生霊　まあ、レボリューションですよね、一種の。

大川隆法　ですが、奈央さんも、その場で宏洋に下から覗かれるのは嫌でしょうね。サーブをしているときに覗かれるのは、おそらく嫌でしょう。

それから、あなたの元の脚本は、「ヒロインを一人にすべきだ」と言って、学生時代に付き合った女性と、六年ぶりに、もう一度、名古屋で会うということになっていたけれども、会った瞬間(しゅんかん)にホテルに行って、ベッドインでしたからね。

酒井　（苦笑）

大川隆法　これは、やはり、「勘弁してくれ」と思いますよ。

酒井　本当ですね。

大川隆法　味も素っ気もないという感じですよね。

酒井　要するに、宏洋的にはいいんだろうけれども、これでは、結局、世の女性も敵に回すことになりますからね。

生霊　いや、そんなことはないですよ。

12 すべてプロとして通用しないレベル

なぜ、まだ幸福の科学に来るのか

酒井　（聴聞席の和田ゆき・幸福の科学宗務本部第一秘書局部長 兼 海外伝道推進室部長に）和田さんあたりは、そういう映画だったら、どうですか。

和田　というか、あなたは、もう、根本的に〝キモい〟です。

大川隆法　キモい（笑）。

酒井　（笑）

和田　キモいし、ダサいし、どうして、まだいるんですか。

酒井　「どうして、（生霊が）まだいるのか」ということですが。

大川隆法　「まだ」（笑）。

和田　どうして、まだいるんですか。もう、いいですよ。どこかに行ってしまってください。

酒井　普通(ふつう)はそう思いますよね。あれだけ幸福の科学について言っておいて、どうして、まだいるのですか。

生霊　いやいや、だから、困ってるからですよ。

大川隆法　忙しいのですね？

和田　自業自得です。

大川隆法　職業をクビになって、収入がなくなったら、マンションなどは借りられないのは知っていますか。

生霊　……うーん。

大川隆法　知らないでしょう。おそらく、知らないと思います。

生霊　そうか。

酒井　おそらく、「僕(ぼく)は収入があります」というように、嘘(うそ)をつくしかないのでしょうね。

生霊　まあ、実際、資産は持ってますからねえ。

酒井　「宏洋企画(きかく)室で収入を生んでいます」という感じで言うのでしょう。

生霊　あっ、確かに、確かに、会社はまだありましたね。そうですね。そうだ、そうだ。そうですね。確かに、事務所兼……、まあ、ライターとかにすればいいですからね。

酒井　でも、実質はないですからね。どんな仕事をしているのか訊かれたら、どうするのですか。

生霊　脚本を書いたりとか、作品研究したりとかですよねえ。

干場　でも、その利益は、まだないんですよね？　実績とか、どこに採用されたとか、オファーが来たとかいうことは。

生霊　だから、何本か書いて、「こういう作品を書いてみないか」っていうオファーというか、そういう声はかけられてますよ。だから、幾つか書いて、やったりとかしてますけどね。

干場　それは通ったんですか。

生霊　いや、通ってないから、だから、困ってるんでしょ。

千場　でも、ここに来るということは、結局、当会頼(だよ)りですよね？　自分の力では何もできないということですよね。

大川隆法　「薄情(はくじょう)だ」と言って、親のほうが、「まあ、まあ、やっぱり」と、何か飴(あめ)を出してくれないかというところを、ゴリゴリやっているということでしょうね。

自分以上に注目を浴びた千眼美子(せんげんよしこ)に嫉妬(しっと)している

酒井　結局、「先生に対して、これだけ啖呵(たんか)を切れるのも俺(おれ)しかいねえ」「俺は勇気があるんだ」みたいな……。

生霊　そうですよ。先生にここまで意見できるのは、私……。

酒井　そういうところを会員さんに見せたかったんでしょう?

生霊　それはそうでしょ。だって、ほかの弟子(でし)も……。

酒井　「俺は、本当に言いたいことをちゃんと言えるんだあ!」という。

生霊　そうです。本当に先生のことを考えてるから、先生の耳に痛いことも諫言(かんげん)できるんですよ。

酒井　いや、いや、総裁先生のことを考えてではないでしょう。要するに、「自分は、そういう偉(えら)い人間なんだ」「先生にも平気でそういうことが言えるぐらいの立場にある人間なんだ」と。

生霊　長男の仕事じゃないですか、それが。

酒井　でも、社会人の場合、言ったことには責任が生じますからね。

大川隆法　千眼さんも、あなたの芸が自分のよりも上だなんて、全然、思ってもいなかったでしょうけれども、まさかあなたに嫉妬されるとも考えていなかったと思いますよ。

大川隆法の長男で、教団の副理事長で、NSPの社長をしている人に嫉妬されるとは思ってはいなかったでしょう。これは不意打ちですよね。「まさか、そんなわけない」と。

要するに、「宗教的に偉い人だろうし、そこは明らかな差があるから、まあ、私は、芸として長年やってきているので、『こういうふうにしたほうがいいんですよ』ぐらいは言えるかな」といったようには思っていたかもしれませんが、まさか嫉妬されるなんて思っていなかったでしょうね。

生霊　私以上に注目を浴びるなんてねえ。

大川隆法　しかたがありませんよ、実力なんですから。

酒井　「先生の息子(むすこ)」という立場を利用して、言うことをきかせたかったんでしょう?

生霊　そりゃあ、そうでしょ。

酒井　「千眼さんだって、自分の言うことをきけ」と。

生霊　「帰依しなさい」ということですよ。

酒井　そういうことですよね。

後継者の根拠は「大川家の長男であること」「霊能者であること」？

酒井　だけど、それは、結局、「先生の息子だから」ということは分かっていますよね？

生霊　まあ、「一体」ですから、それは。

酒井　え？　一体なんですか、総裁先生と？

生霊　うん。

酒井　いや、一体じゃないんですよ、組織的にはね。もう、「後継者ではない」と言われているんですから。それは組織としても決定しています。

生霊　あれは本心なんですか。

酒井　ええ、本心ですよ。あなたが教祖になる理由というか、根拠は、まだ何か残っているんですか。

生霊　「大川家の長男」ですよ。

酒井　それだけでしょう。

生霊　それがいちばんの理由じゃないですか。

酒井　「悟り」などは関係ないんですか。

生霊　霊能者は私、まあ、あと、裕太とかもやりますけども。

酒井　霊能者であればいいんですか。

生霊　じゃないと、だって、ここは「霊言宗教」じゃないですか。

「霊の区別」がついていない

酒井　最初のほうの話に戻りますけれども、宏洋さんには天上界の霊は入るんですか。

生霊　だから、呼ぶことはできますって。

酒井　呼べるんですか。

大川隆法　宏洋は、いったい何が自分に入っているかが分からないのではないですか。

以前、映画「君のまなざし」をやったあと、（共演者の）水月ゆうこさんをひどくいじめて、一カ月か三カ月か忘れましたが、「仙台の正心館に反省に行かせた」

と言っていました。

そのときは、「水月さんの生霊が来て、僕に結婚を迫ってきてどうしようもないから、飛ばして、修行させている」とのことでしたけれども、（私が霊を）呼んでみてもいなかったんです。

実は、来ていたのは違うもので、もうちょっと年配の女性の生霊が憑いていたんですが、それを間違えて、水月さんを地方に送るような人ですからね。まあ、自分が、（水月さんの）演技力について「マイナス二十点」と思っていたので、恨みがあったのかもしれないけれども、（水月さんのほうが）被害は受けていますよね。

区別はつかないでしょう？　信仰心と教学をキチッとやっていないと、霊の区別はつかないんですよ。善悪の区別もレベルの差も分かりませんよ。

映画「さらば青春、されど青春。」の逆をやろうとしている宏洋氏

林　あなたは、自分の部屋から御本尊を撤去していましたよね、最近。

生霊　はい。

林　俗人（ぞくじん）じゃないですか。

生霊　いいんですよ。私は、もう霊的につながってますから。

林　外に出るつもりはあるんですか。

生霊　どういうことですか。

林　地上の本人は、外に、つまり、教団内から出たがっていますけれども。

生霊　出されたらほんとに生きていけないから。だから、粘ってるんじゃないですか、今。

林　本心では、出たくないのですよね？

生霊　いや、いや、もう自由にさせてほしいんですよ。

大川隆法　映画（「さらば青春、されど青春。」）の「三十歳で出家して教団をつくる」ということの逆バージョンをやろうとしているんだと思います。「三十歳で自分を立てて、家から出るという意味での出家をして、在家に戻る」というか。
何か、そのように見えますけれどもね、演技の結果が。

酒井　うーん。

千場　「先生と一体」と言っているわりには、御本尊を撤去したりしていて……。

生霊　だから、物じゃないんですよ。血縁（けつえん）っていうのがあるんですよ。

千場　でも、総裁先生には、これからも法を説き弘（ひろ）めるというお仕事がたくさん待っているんです。そういう大きな大きなお仕事をされるご予定なので、そういう個人的な都合（つごう）で来られると、先生の妨（さまた）げになるんですよね。

それに、自分の立場を分かっていないのに来られても……。結局、出たいのか、ここに残りたいのか、それすら自分ではっきりしていないように聞こえます。私には、「構ってほしい」というように思えるんですけれども。

生霊　だから、私の思うことを実現するようにしてほしいんですよ。

干場　やっているじゃないですか。総裁先生は、何回もチャンスを与（あた）えていて……。

生霊　じゃあ、なんで追い出そうとしてんの、今。

酒井　いや、あなたが「出たい」と言っているだけですよ、表面的に。

生霊　いや、だから……。

酒井　え？　だって、「私は、もう出るつもりだった」と言ったわけでしょう？　石（い）川（し）（かわ）理事長に。

「自分が書けるものを書く」だけでは通らないプロの世界

大川隆法　基本論点としては、「芸能全般(ぜんぱん)に関しては、教団のなかで自分がナンバーワンで、自分以上の見識を持っている人はいないと信じている」ということでしょう？

生霊　そうですよ。

大川隆法　「親父(おやじ)も全然、分かっていない」と。まあ、「マンガも読まない人に芸能が分かるわけがない」とか思っているぐらいのレベルだとは思います。「だから、自分がやらなきゃいけないんだ」と。

　そして、最近、「芸能のほうで主導権を取ったら、実は教団全部を動かせるかもしれない」という可能性に気づいていたということですかね。

でも、あなたがいなくても、映画の予定としては、もう十数本つくっていて、すでに二〇二五年分までできているんです。

生霊　そうなんですよね。

大川隆法　残念でしたね。あなたのは一本も通らないうちに十数本もできてしまっていますよ。二〇二五年分までもうできているんです。ほかの人にも能力はあるんですよ。

父親についても、まあ、何千冊もの本が書けるというのは、よっぽどさまざまなことを知っていなければ書けませんからね。あなたみたいに、すぐ種が尽きる人とは違うんです。残念でしたね。

それに、「本をたくさん書けるような人」、「原作を書く人」から見れば、〝格落ち〟なんですから、脚本家というのは。もう少し下の仕事で、会話を入れたりして、普通の〝あれ〟にしていく仕事なので、「原作を書ける人」、「本を書ける人」のほうが上なんですよ、力的には。

そのへんも分からないのでしょうね。

酒井　それは分かっていたんですか。

大川隆法　分からないのではないですか。

生霊　まあ、私のほうがオリジナリティーがあるとは思ってますけどね。

酒井　総裁先生より？

ただ、あなたの「オリジナリティー」は、絶対、どこかに元ネタがあるんですよ。例えば、「ああ、これは、マンガを見てしゃべっているんだろうな」とか、「これは、映画から取ってきてしゃべっているんだろうな」とかいうように、全部、元ネタがあるんですよね。

それに、総裁先生のを使っていないように思いながら、結局、使っていますからね。先生のをパクッているんですよ。

生霊　じゃあ、弟子たちのなかで、ゼロから、何にもないところから生み出せる人は、どれくらいいるの？

酒井　いや、少なくとも、平均点を取っていくためには、先生の教えに合わせていかなくてはいけないんですよ。先生の教えから取り出して、それを映画にしていかなくてはいけないわけです。

大川隆法　まあ、少なくとも、数学と同じで例題は出ているわけです。課題は出ていて、「原案」が出されていたら、いちおう「原案」に合ったものが書けなかったら、プロとしては通らないんですよ。「原案」を出しているのに、全然関係ない自伝を書いてくるような人では通りませんよね。これはしかたがないでしょう。ほかのところにだって、「リクエスト」はあるはずですから、絶対に。

酒井　そうですね。

大川隆法　スポンサーになる人と、「視聴率がどのくらい取れるか」とかを考えるような人たちは、「これだったらいける」と思ってつくってくるわけだから。それに合ったものを返さなかったら、やはり通りませんよ、プロとしては。「自分が書けるものを書く」「自分が演じられるものを書く」というだけでは、わがままにしかならなくて、通らないですよね。

酒井　こうしたことについては、まだ分からないんですよね？

大川隆法　おそらく分からないでしょう、ここが。

酒井　分かっているんですか。

生霊　……。

酒井　「自分が、そうやっている」ということについては、まだ分からないんですよね？

生霊　私がやりたいことをやってるんですよ。

大川隆法　それよりは、「マンガか何かで売れたものを映画にしたほうがいい」とか、そういうことでしょう?

酒井　総裁先生に反発してやっているかぎりは、先生のものを使わないんでしょう? 「教え」とか。

生霊　それは、そのままつくるんだったら、私のオリジナリティーがないじゃないですか、どこにも。

酒井　「真理を使わなくてもいける」と思っているんでしょう? 結局。

生霊　先生がつくられたものを、ひねって、かたちを変えて、また新しいものに変えることが、私の使命じゃないですか。

酒井　いや、原案に沿っていないじゃないですか。

それに、「教え」といっても「あなたの教え」でしょう？　「愛されること」とか、「自分は美しい」とか。

生霊　……うーん。

酒井　やはり、根本的にそのあたりを理解しないかぎりは、当会の芸能系で生きていくことも無理でしょう。率いることは無理ですね、少なくとも。

幹部に必要な「信用」と「判断力」

酒井　また話は戻るけれども、結局、今のあなたの考えでは、当会では食べていけないというか、当会で仕事はできないんですよ。
それを「イエス」と言う人はいません。これについては、一部の人、例えば、「宗務だけが言っている」とか、あるいは、「石川理事長だけが言っている」とか思っているかもしれないけれども、みんなそう思っていますからね。

生霊　じゃあ、逆に訊きますけど、「仕事ができない」という理由だけで、大川家の人間を出していいんですか。

酒井　でも、名前から「大川」を取ったでしょう。「宏洋」という名前も「嫌だ」と言っているし、「私は教団とは一切、関係ない」とも言っているんですから。

生霊　……。うーん……。

酒井　大川家から自分で関係を切って、教団という組織とも切っているということを自慢気にYouTubeで言っているわけですよね。「俺はリスクを取っているんだ」と。

大川隆法　教団に反対する人の数のほうが多いと思っているんでしょう？　だから、「もっと票が集まる」と見ているのでしょう。

酒井　その主張を下げないかぎりは、教団としては、中枢とか、重要な地位とかには置けないんです。

大川隆法　それに、信用されていませんから。

例えば、新しい映画の予定として、二〇二五年まで十五本ぐらいありますけれども、おそらく、（脚本を）読まされていなくて、手元にはないだろうと思います。

渡したら、どこに売り渡されるやら、どこで使われるやら分からないからです。悲しいけれども、信用されていないんですよ。
やはり、中枢部にいる人間というか、幹部というのは、そのへんは自分で判断しなければいけません。「これは重要なものだ」とか、「外に出してはいけない」とかいうことが分からなければいけないけれども、そういう信用が全然ないんですよ。
だから、マンガを読むか、アニメを観るかして、パクッて書くしかありませんよ。

生霊　うーん……。

酒井　今のままであれば、居場所はないですよ、少なくとも当会には。戻ってきて、親の脛をかじろうとしても、当会はそんな組織ではないので。
それは分かりますよね？

生霊　……。うーん……。

「千眼さん以上に騒がれると思ってましたよ」

大川隆法　マスコミが千眼さんのときのようにワーッと言わないのが不思議なんでしょう?

生霊　そうですよ。全然、取り上げられない。

大川隆法　反旗を翻して、「長男」と言ったら、千眼さんが前の事務所を辞めてきたときみたいに、ワーッと来ると思っていたのではないですか。

生霊　千眼さん以上に騒がれると思ってましたよ。

酒井　いやあ、あなたの〝ドラ息子〟ぶりは、あまり叩きようがないので。

大川隆法　見えているんですよ、すでに。彼らも、そのへんを見る目は肥えていますから。世の中、おかしい人がたくさんいるというのは、よく知っているので。乗ったら、自分たちの質にかかわってくることぐらいは分かっているでしょうね。

酒井　向こうとしても、あなたの意見に乗るのはリスクが高いのでね。まあ、よほど食べていけない人とかは使うかもしれないけれども、それも最初だけで、そんなに何回も使えないでしょうね、あなたのネタでは。

生霊　うーん……。

酒井　自分で戻る道を断ったんですから。「自分はリスクを取る人間だ」と言っていたわけでしょう？　みんな、それを信じていますよ、少なくともアンチの人とかは。

「大川」の名を捨てることの意味が分かっていない

大川隆法　私よりはいいですよ。私が会社を辞めたときは、お金は三百数十万円ぐらいしか持っていませんでしたからね。それもほとんど使いませんでしたけれども。六畳一間（ろくじょうひとま）をタダで借りてやって、講演をして大きくし、教団をつくってきたので。

今、彼は一億円くらい持っているでしょうから、私より有利でしょう。

生霊　いや、一億もないよ。

酒井　いや、ある。

大川隆法　作品も、出ているものがありますからね、教団のものですけれども。教団を利用して顔や名前は売っていて、私よりもずっと条件はいいので、独立するなら、できるはずですよ、実力があればね。できないんだったら、「実力がなかった」ということです。

酒井　あなたの頭のなかには、「そのお金があと何年間でどこまで減るか」しかないでしょう？

大川隆法　そうでしょう。減るのは減ります。

生霊　まあ、減る一方しかないでしょうねえ、今のところは。

酒井　そうでしょう？　だけど、切れないんですよね？

生霊　それは切れないですよ。責任がありますから。

酒井　自分の生活の水準も下げられないでしょう？

生霊　下げられないですよ、そんなん。

酒井　一万円ぐらいのアパートにでも住めばいいじゃないですか、それだったら。

生霊　無理ですよ。

大川隆法　キャバクラには行けなくなりますね、どうしても。

生霊　それは寂しいですよ。

酒井　ベンツも持てなくなるわけですよね？

生霊　それも無理ですよ。

大川隆法　売り払うしかありませんよね。

酒井　普通は持たないですよ、仕事がなかったら。

生霊　……。うーん……。

酒井　結論としては、教団は、あなたの自己満足のために、これ以上お金を費やせません。信者さんが怒るでしょう。

大川隆法　人事局長（の守護霊）は、あなた一人のクビを切れたら「百億円助かる」と言っていました。「置いておいたら、絶対、百億はやられる」「損失として百億円は絶対あるから、クビを切れたら百億円儲けたのと同じだ」と。

生霊　多いですね。

酒井　でも、あなたが満足する脚本でやったら、そうなりますよ、はっきり言って。

大川隆法　やがて、そうなりますね。

酒井　それは損失として理解しないといけません。

大川隆法　あなたがごっつい博打（ばくち）を打つのは「いずれ」ですよね。置いておけば、そうなるでしょう。

酒井　信者さんが、「え？　こんな作品でいいんですか？」と言っているのに、無理やり見せなくてはいけなくなるとか。

生霊　それは信仰心でしょうから。

酒井　あなたへの信仰心ではないです。信者さんは、総裁先生への信仰心を持っているんです。

千場　脚本についても、「書くネタが尽きて、自分の経験で書いている」とおっしやっていましたけれども、おそらく、ネタも尽きたので、脚本を書くにはパクるしかないんですよね？

でも、もし自分で一人でやっていくというのなら、その日、食べるお金を、現場でもどこでも行って稼(かせ)いでいくのが本当の自立なのではないんですか。「お金がない」と言って、当会にせびってくるのではなくて。

それが、本来の、「大川」の名を捨てる覚悟(かくご)なのだと、私は思うのですけれども。

生霊　うーん……。

大川隆法　建設会社の社員のときに使っていた、小さな土木事務所の作業員の世界に入らなければいけませんよね、次は。それか、コンビニ店員かです。

でも、そういう仕事でも、一年以上続けるのは大変ですよ。

生霊　いや、それで一生やるのは無理ですね、ちょっと。

大川隆法　土方を一年やれるか。コンビニ店員を一年やれるか。プライドが許さないでしょう？　それは。

生霊　そんなのはできないですね。

酒井　以前、「コンビニの経営をやる」とか、「居酒屋の経営をやる」とか言っていませんでしたか。

生霊　言ってましたよ。

酒井　それは、すぐにお金がなくなりますよ。

大川隆法　事業というのは、すごく速くお金が消えますからね。一億円なんか、一年ももちませんよ。あっという間に消えます。

酒井　コンビニのカップラーメンでも食べるしかないでしょうね、倒産(とうさん)したあとに。

生霊　……。うーん……。

13　本心は「助けてほしい」？

聴聞者（ちょうもんしゃ）の女性たちから「生き方」について諭（さと）される

酒井　（聴聞席（ちょうもん）に向かって）ほかに意見や言いたいことがある方はいますか。

大川隆法　〝差し込（こ）み〟がありましたら、どうぞ言ってください。

斉藤　先ほど、私の名前も出たので。とにかく、「人間として普通（ふつう）にちゃんと生きてほしいな」と思います。

生霊　何ですか、「普通にちゃんと」って。

斉藤　ずっと論理的に破綻（はたん）しているではないですか。「法学部卒なのに、なぜだろう」と思いますけれども。「そこまで勉強して、『なんでちゃんとここまで来れたのか』が、なぜ分からないのだろう」というのが、普通の人の意見です。総裁先生が先ほどおっしゃっていましたが、「信者の平均レベルにも到達（とうたつ）していない」ということではないですか。

あなたが「楽しいな」と思っていることは、おそらく、五歳（さい）児とか、小学生ぐらいしか楽しいなと思えないことですし、あなたがやっていることは、「三歳の男の子が、スーパーの前で、『なんで飴（あめ）を買ってくれないの』と言って泣いて叫（さけ）んでいるような図」にしか見えません。「『単なる三歳の嫌嫌（いやいや）期かというぐらいの言動だ』と、周りの人は見ていることを客観的に分かってくれるとうれしいな」というのが、個人的な感想です。

大川隆法　（聴聞席の青木梢・幸福の科学宗務本部第三秘書局チーフに）青木さんも、ちょっとは利害はあったのではないですか。

青木　これだけ他人に迷惑をかけて、お手伝いさんまでクビを切って、文句ばかり言っていますけれども、実際は与えられているものばかりではないですか。

生霊　いや、だから、プレッシャーなんですよ、同時に。

青木　プレッシャーではなくて、宏洋さんのためを思って、総裁先生や教団から、いろいろなお仕事を与えてもらっているし、住む環境も与えられているではないですか。

生霊　だから、それを今、取り上げられてるんですよ。

青木　取り上げられて当然のことをしているではないですか。

生霊　どこが。

青木　人だってついてこないですし。

生霊　ついてこない人たちがおかしいんですって。

青木　これから何をしたって、人はついてこないと思いますよ。これだけ、いろいろ周りに迷惑をかけていたら、自分が悪いことをしていると分かるはずですよね？

生霊　分かりません。

斉藤　プレッシャーと期待は表裏一体なんです。あなたがプレッシャーを感じないようにした今の環境が、あなたにとって幸せなのかということですよ。今のあなたには何も……。

生霊　いや、プレッシャーはかかってますよ、もう。

斉藤　かかっていないでしょう。

生霊　「いつ、お金がなくなるか」っていう。

斉藤　それは自分で首を絞めているだけでしょう？　プレッシャーでも何でもない

ですよ。

大川隆法　以前に、真輝（まさき）が「（YouTube（ユーチューブ）の動画を）一万人ぐらいが観（み）てくれたら、千円ぐらい入る」とか言っていましたよね。まあ、食べていくのは大変だろうけれども。

斉藤　YouTuber（ユーチューバー）になるにしても、ネタがなければYouTuberとして食べていけないですよ。〝パクリ芸〟でどこまで行くんでしょうね。

大川隆法　はあ（ため息）。まあ、磯野さんに入っているので、おとなしいですけれどもね。

業界の評価等で「自分の実力」を知らなくてはいけない

大川隆法　では、最後に（竹内）由羽さん（幸福の科学宗務本部特別参与）あたりに締めてもらいましょうか。

酒井　最後にバシッと……。

大川隆法　ええ。由羽さんに締めてもらいましょう。

竹内　私も、さすがに、本当に手を上げてしまいそうなんですけれども……。そもそも、YouTubeとかでやっていることが、もう完全に〝イッちゃって〟いるじゃない？

生霊　〝イッテ〟ますよ。

竹内　あなたのおかげで、私が業界関係者と会う機会は増えているけど、あなたの「歌」や「演技」に関して、評価はすごく低いんですよ。

生霊　それは、しかたないですよ。

竹内　シナリオに関しても、「咲也加（さやか）さんの書くシナリオは、宏洋さんのものと比べて、本当に、とってもいい」という話も聞いていますよ。あなたが言う「業界の方々」の評価も、そうなんですよ。

生霊　うーん。

竹内　「仕事を進められる」と思っていたものについても、断られ始めているし……。

生霊　そうですねえ。

竹内　実際、もう無理じゃないんですか。「自分の実力を知らないといけないのかなあ」と（考えてください）。

大川隆法　「（ニュースター・プロダクションの）社長だった」といっても、自分がその会社をつくったオーナー社長ではなかったからねえ。それを勘違いしてはいけない。あなたの前に、いちおう小田（正鏡）さん（幸福の科学メディア文化事業局担当局長 兼 ニュースター・プロダクション〔株〕常務取締役 兼 HSU未来創造学部芸能・クリエーターコース担当講師。収録時点）が五年も社長をしていたし、教団がそれに力を注げば、いくらでも利益が出るようにつくれるのでね。

生霊　でも、小田さんがやっていたときには、本当にちっちゃい事務所だったのに、私が社長になってから急に大きくなりました。

大川隆法　それは、応援したからね。

酒井　結局、先生が「芸能事業を本格的にやる」と決めたからですよ。

大川隆法　あなたが自分でやったら、利益なんか簡単には出ないよ。

竹内　映画「君のまなざし」だって、何十回と監督とやり合い、シナリオを変えていたんだから、そもそも、あなた一人ではつくれていないわけですし……。

大川隆法　そうだねえ。だから、トロフィーや賞状を自分が全部もらったように言うのは失礼でしょうねえ（注。映画「君のまなざし」は、第3回国際ニューヨーク映画祭で最優秀長編作品を受賞した）。

酒井　はっきり言って、（製作総指揮・原案の）先生に対して失礼ですよ。

大川隆法　監督に対しても。

竹内　ああいう賞を取って、監督は逆に後悔していましたよ。

大川隆法　主演は、あなたではなくて梅ちゃん（梅崎快人）だったしね。だから、（自分がもらったと言える）資格はない。

酒井　これだけの組織は、（あなたの力だけでは）動きません。監督やプロデューサーを決め、お金を集めていく。これを全部、先生にやってもらっているじゃないですか。

生霊　（大きく息を吸う）うーん。

大川隆法　だから、まだ分かっていないんですよ。肩書をもらえば、もう、自分がやっているような気になっているのでね。

映画「天使に〝アイム・ファイン〟」の試写会後に語った言葉

酒井　はっきり言って、あなたはＮＳＰの社長としては要らなかったんです。

生霊　いや、だから、今、やってないじゃないですか。

酒井　いや、当時だって、あなたがいなくても、映画「君のまなざし」は動いたんですよ。

大川隆法　その前の作品（二〇一六年三月公開の映画「天使に〝アイム・ファイン〟」）は、もうできていましたからね。（あなたがいなくても）つくっていくことはできた。

酒井　もう、やることはできたんです。とりあえず、あなたに経験を積ませるために、やっていたようなものだから。

大川隆法　人間として、もう少し礼儀（れいぎ）を守ったほうがいいですよ。

あなたが教団に帰ってきて、ニュースター・プロダクションに入ったときに、映画「天使に〝アイム・ファイン〟」の試写会があったんですよ。小田さんとか松本さんとかがいたけど、自分はつくってないから、あなたは関係していない。あなたが着任して試写を観たあとに言ったのは、「すみませんでした。こんなひどい作品で申し訳ありません」というようなことです。自分に関係のないものについて、こうやって謝ったんですよ。

あなたをぶん殴りたくなったと思いますよ、つくった小田さんたちは。

酒井　本当に、そうとうな侮辱ですよね。

大川隆法　「こいつ、殴ってやろうか」と思うぐらい、腹が立ったと思う。自分は何もしていないのに、「こんなひどい内容の作品になって、すみませんでした」というようなことを、堂々と最初から言いましたからね。

酒井　そうですね。

大川隆法　「会社だったら、あんなことを言えば殴られる」と、私は思いましたね。

酒井　「先生の息子だから」ということで、唯一、護られて……。

大川隆法　そのときには、あなたは〝ヒラ〟理事ですからね。理事として入っていますから、彼らのほうが上役です。そのあたりから、もう、つまずくのは見えているレベルでした。自惚れがものすごく強かったからね。

酒井　大きな会社で、〝ヒラ〟理事のような人がいきなりトップのほうの仕事をやったら、どうなる？

生霊　いやあ、そんなの無理ですよ。

酒井　無理でしょう？

生霊　無理ですよ。

酒井　「なんで、ここでは許されるんだ」ということだよね。
　幸福の科学の信用なしで仕事をしてみよ

酒井　客観的に見て、あなたが抜群の才能を持っているのであれば……。

生霊　いや、才能があったから、映画「仏陀再誕」（の脚本を）書けたんじゃないんですか。

酒井　いや、（抜群の才能を）持っていたらそうなるけど、抜群の何かをあなたはやったわけですか？　脚本についても賛否両論ですけどね。

結局、あなたは、役者でも脚本でも社長業でも、全部、中途半端じゃないの。抜群の才能を示してはいないですよ。

生霊　いやいやいやいや。

大川隆法　ここのところで、やっぱり、ものすごく、自惚れているところがある。もう独立してやれるかどうか、実際にやってみたらいいと思っているよ。食えなくなる寸前ぐらいまでは、やってみたらいいと思う。

いやあ、私なんか、手金が一億円もあったら、幸福の科学のスタートは、もっと楽だったろうねえ。

酒井　たぶん、先生は、その何千万円に、一切、手をつけずにやるでしょうけど、あなたは何千万円を使い尽くして、結局、失敗するんでしょう？

生霊　何千万円では足りないですよねえ。

酒井　その考え方自体で、たぶん失敗するでしょう。

大川隆法　銀行に行っても、お金を貸してくれないよ。「自分で芸能の何とかをつくる」と言ったってね。「劇団をつくる」とか、「会社をつくる」とか言っても、お金は貸してくれないよ。信用はないよ。それがまだ分からないだろうけど。「あなたが幸福の科学の副理事長で、幸福の科学と一体で動いているということとなら、お金を貸してくれますけどね。

酒井　そうでしょうね。

大川隆法　その可能性はあります。（教団の）ほかのところで、お金を持っているからね。

酒井　「幸福の科学の信用なしで仕事をしてみよ」というところでしょう。それが先生の愛ですよ。

教団を離れたのは何のためだったのか

大川隆法　（あなたがYouTubeにアップした）最初の動画で、世間に対し、「お騒がせして申し訳ありません」というようなことを言って謝っていたけど、あれは何を謝ったの？

生霊　うーん。

大川隆法　あれで千眼（美子）さんのことを謝ったの？

生霊　違いますよ。幸福の科学が世間を騒がせているから、それに対して、「申し訳ない」と、代わりに謝ったんですよ。

酒井　幸福の科学は何を騒がせたの？

生霊　まあ、千眼さんのことも一つありますし、（幸福の科学）大学（ハッピー・サイエンス・ユニバーシティ）とか（幸福）実現党とか、いろいろ、やっているじゃないですか。それで世間を騒がせているわけですよ。

酒井　それは謝ることなの？　なんで謝らなくてはいけないの？

生霊　世間にご迷惑をおかけしたら、謝るのが筋じゃないですか。

酒井　「世間の迷惑」って何なの？

生霊　われわれが活動することで、やっぱり、気分を害されている方とかがいらっしゃるわけですよ。

酒井　どういうことで？　なぜ、大学をつくることで、気分を害されるの？　それは、どういう人？

生霊　まあ、世間に混乱を与えたわけじゃないですか。

酒井　どういう混乱？

生霊　「どういう混乱」って……。

酒井　それは、要するに、あなたが友達から、「何やってんだよ。またお騒がせしやがってよ」というぐらいの話でしょう？

生霊　それで十分じゃないですか。世間をお騒がせしているんですから。

酒井　それで、なぜ謝らなくてはいけないの？

生霊　いや、騒がせているのに、謝らなくていいんですか。

大川隆法　あなたは「建設会社に勤めていた」と言っているけど、それは、うち（当会）から〝紐付き〟であってね。一年間、あなたの給料の全額を幸福の科学が振り込んで、向こうの会社は一円も払っていない状態だったんですよ。そういうことなので、あんなに偉そうに言えるような状態ではないわな。

酒井　自分では何もしていないじゃないですか。

自分で就職するかと思ったら、結局、人事局などに、「早くしろ」とか、「早く決めろ」とか、「俺は、そんなことは言っていないんだ。俺は正社員で入りたかったんだ」とか言う。

最初は、「正社員じゃなくてもいいですから、何とかお願いします」と言っていたのに、「その路線（外で仕事をすること）を先生が認めた」と思ったら、急に態度がでかくなって、「早くしろよ」という感じになった。

大川隆法　一年間、〝タダ働き〟をさせたわけですよ、向こうは。向こうにとっては、ただのお客さんです。

酒井　ところが、あなたは、「あの会社はいい会社だ」とか、「幸福の科学は、とんでもない」とか言っている。

大川隆法　向こうは幸福の科学から受注しているので、そのときぐらいまでの平均で言えば、たぶん、利益だけで、毎年だいたい何億円も入っていたはずです。

だから、彼の給料を払ったって、全然、痛くもかゆくもないけど、一円も払わずに社員で置いておき、預かっていた。

あなたは、向こうの会社で修業をしているようなふりはしていたけど、「こうしたら彼女と結婚できる」と考えていたわけだ。
このへんの裏の動きを隠して、修業したように偉そうに言うのは、どうかなとは思うね。

酒井　正直言って、これは先生の信用ですよ。先方の会社では、あなたを正社員とするに当たり、結局、役員や社長まで稟議が通ったわけですからね。

正社員になった半年後に「辞めたい」と言い出す

酒井　ところが、そこの正社員になった半年後ぐらいに、「もう辞めたい。こんなヒラ（社員）じゃ生活できない」と言っていたんでしょう？

生霊　そうですよ。

酒井　本当にひどいことですよ。

生霊　だって、出世できないわけですから。

酒井　半年ですよ。約半年で急にそういうことを言い出したんですよ。

大川隆法　額面二十一万円ぐらいの会社の給料、入社二年目の給料で麻雀(マージャン)をやって、ゴルフをやって、そしてベンツに乗っていて、生活が成り立つわけがないじゃない。

酒井　あなたの根本的なところを変えないかぎり、そんな生活は無理だったのにもかかわらず、それを他人のせいにしたりした。

結局、あなたは自分の生活レベルを落としたくないわけだけど、それは、あなたの欲望でしょう?

生霊　自由が欲しかったんですよ。

酒井　本当に勝手なんですよ。そうして多くの人が動くんですよ。人事も向こうの会社の役員も、あなたのために動いてね、先生もそのために動いて、実現したものを、自分の気持ちだけですぐコロッと変えるでしょう?

そんな人間にねえ、そもそも人生を語る資格はないし、人に教えを説く資格もないのよ。何も自分でやってきていないじゃないの。

まず「否定」から入っていくのはナチズムと同じ

大川隆法　うーん。終わらないね、これは。終わらない。永遠に終わらないね。

少なくとも、芸能部門で、多少、人々を指導できるレベルまで行くには、十年は我慢して、真面目にやらなくてはいけなかっただろうね。それをやらないで、全部、「否定」から入っていくでしょう？　自分の嫌いなものを否定する。否定から入っていくのは、ナチズムと同じだからねえ。まずは否定から入っていくので、全部、否定していくんです。

酒井　なるほど。ヒットラーと同じですね。

大川隆法　ああ、そうです。

生霊　私は〝ヒットラー〟じゃないんです。私ほど自由な人はいないんですよ。

大川隆法　あなた自身に対しては、そうですね（笑）。

酒井　ヒットラーも芸術系（元画家）ですからね。

大川隆法　そうだね。

酒井　気をつけたほうがいいですよ、あなた。

大川隆法　いやあ、守護霊（生霊）がこれじゃあ、もう、どうしようもないね。悪魔は、もっとだから。

（今回は生霊が）磯野に入っているから、上品に〝装って〟いるけど……。

酒井　先生に対しても、忠実のような素振りも、たまに見せますね。

大川隆法　（私に入れた）守護霊の霊言ではないことを注意しないといけなかった

ぐらいで。

（本人にとっては）今がいちばんつらいんだろうけどね。どうせ、〝ちっちゃい話〟をしているんでしょう？「仕事があるから、すぐには転居できない」とか、こんなことを言っているんでしょうけど。

14 一言の謝罪もなし

最後まで〝天下御免の無責任男〟

大川隆法　（今回の生霊霊言では）とにかく、「一言も謝罪がなかった」ということですね。

酒井　そうですね。

大川隆法　まったくなかった。

酒井　本当にないんですね？　謝罪はないんですね、先生に対して。

生霊　謝罪ですか。

酒井　うん。

大川隆法　教団に対してでも、誰に対してでも、いいですけどね。何もないのね？

生霊　もう、「どうやって生活していくか」というところですよね。

酒井　（笑）「それが結論だ」ということで……。

大川隆法　〝天下御免の無責任男〟というところですか。あなたなんか、「人生を返せ」と言いたくなる。「私の仕事は何だったんだ」と言いたくなるよなあ。

酒井　そうですね。

大川隆法　いや、そういうことをまったく感じないところが、すごいところではあるんだけどね。お地蔵（じぞう）さん、石の地蔵のように、まったく感じないから。そういうことを私は少し感じるんだけど、彼は感じないから。いやあ、もう……。

部下からは「下の人のせいにする権力至上主義者」と思われている

酒井　少なくとも、あなたより年下のメンバーから、「こいつは駄目（だめ）だ」と思われているのは事実だからね。別に、「そう言え」と言ったわけじゃないから。

生霊　本当ですか？

酒井　本当ですよ。（聴聞席（ちょうもんせき）に向かって）ねえ？　山崎（やまざき）さん、本当だよね？

生霊　そう言わないと、そこに座（すわ）っている意味はないからねえ。

山崎　いやいや、本心から思っております。

生霊　でも、私に憧（あこが）れていいんですよ、君は。

山崎　遠慮（えんりょ）いたします。

大川隆法　（笑）

酒井　山崎さんは口下手（くちべた）だからね、本当に嘘（うそ）をつかないと思う。策を練る人ではないのでね。

干場　（あなたが）私の近くにいて、何度も何度も私のせいにされました。そういうことが多々あったので……。

生霊　ほんっとにねえ、あなた生意気(なまいき)なんですよ。ほんっとに。

干場　いや、本当に、そうだったのです。
私の知らないところで、私の失敗だと言われていることを、いろいろなところで聞いていたので、「あなたの下(もと)で働く人ほど、そのように被害(ひがい)を被(こうむ)っているのだな」ということを、よくよく体感しています。
やっぱり、「下の人をけなしたり、下の人のせいにしたりすることで、信頼(しんらい)とか実績とかを得ようとしている、権力至上主義の人なのだな」ということを、私はそのとき思っていたので……。

酒井　〝ヒットラー的〟ですね。

「教団の被害」を最小にするしかない

酒井　今日初めて分かったのは、「部下たちが遅刻をする」というクレームは、私にたくさん来ていたけれども、「それ以上に、あなた自身が遅刻していた」ということです。そのことを、あなたは、一切、言っていなかったですよね。

大川隆法　うん、それは言わない。タイプとしては言わないでしょうね。

酒井　そのうえ、「社会人としての教育は、当会ではどうなっているんだ」ということを、あなたはずっと言っていました。

林　あなたは毎回ですからね。

大川隆法　（笑）

千場　ほとんど時間どおりに来たことがないんですから。

酒井　あなたの仕事上の価値観は「時間どおりに来る」ということであり、それを向こうの会社では大切な鉄則にしていたと……。

生霊　それは、そうですよ。そうじゃないとクビですからね。

酒井　自慢（じまん）していたよね。

生霊　ええ。していましたよ。

酒井　だけど、結局、あなたは自分のことが見えていないじゃないか。

生霊　チェッ（舌打ち）。まあ、私はいいんですよ。

酒井　これなんだよね、すべて。これで迫（せま）ると、もう話が続かないんだよね。

大川隆法　はあ（ため息）。

酒井　少なくとも、「俺（おれ）は時間にルーズなんだ」と言っていれば、まだいいんですよ。「ごめんね」と言っていれば、いいんですけど。

大川隆法　本当に、新入社員の基本から教えないといけないレベルではあったので……。どこも少ししかやっていないから、一、二年目ぐらいのところを、繰り返し繰り返し、突いているようなレベルなんだよね。

酒井　そうですね。

大川隆法　苦労してもらうしかないんだけど、「したところでプラスにならない」というところが、悲しいところでしてねえ。

酒井　少なくとも、「自分はできなかった」ということは分かるので、まず少し感じてもらうしかないでしょうか。

大川隆法　「教団の被害(ひがい)」を最小にするしかないようですね。

酒井　そうですね。

　大人になれない〝永遠の子供〟なのか

酒井　では、二時間たちましたので……。

大川隆法　もう、やっても無駄というか……。

酒井　はい。

大川隆法　守護霊（生霊）でこれじゃあ、もう、どうしようもないね。

酒井　そうですね。

大川隆法　「悪霊（あくれい）のせいにもできない」という感じではありますよね。

酒井　悪霊もあきれるレベルまで来ていますからね。

大川隆法　「反面教師」として役に立つかもしれないから、このあと、しばらくは、似たような人が出ない効果があるかもしれませんけど。ちょっと残念。

酒井　そうですね。

大川隆法　だから、人の愛を〝逆利用〟するタイプですよね、どちらかというとね。ちょっと残念ですね。

酒井　はい。

大川隆法　もう三十（歳）だから、逃げられませんね。（一定の）判定をされても、しかたがない。

学生のころには目茶苦茶をたくさんやっていたけど、「まだ若いから、変わるかもしれない」という気持ちもあったんです。映画だって、彼が学生時代のものでは、腹の立つことをいっぱいやっていたけど、「まだ若いから」と思って、全部、我慢したわけです。でも、三十になったら、もうそろそろ聞いてもらえないでしょう。

酒井　はっきり言って、小さいころから変わっていませんね。

大川隆法　まあ、「そういう人だ」ということでしょう。

酒井　やっぱり、〝永遠の子供〟というか、永遠に大人になれないんですね。

大川隆法　（大川）紫央さん、大丈夫ですか。指をボキボキと鳴らしているけど、何か〝一刺し〟刺したければ、刺して……。

大川紫央　いや、結構です。

大川隆法　もういいんですか。

生霊　こちらも結構です。

大川紫央　もう結構です。

大川隆法　ああ、（言わなくて）いいのね。

過去世（かこぜ）でもみな「アウトロー」で早世（そうせい）している魂（たましい）

大川隆法　それでは、これで締（し）めになるでしょうか。予想どおり、やはり締まらない最後になりましたね。

酒井　うーん、締まらないですね……。この根本的な部分は、魂（たましい）の根底にあるのではないでしょうか。

大川隆法　（宏洋氏の）魂の過去世（かこぜ）が当たっているとすると、基本的には、みな、まともに働いていない人たちですからね。全員アウトローなので。

酒井　そうですね。アポロンも、結局、追い出されていたようなものですからね。

大川隆法　あの人は、仕事をせずに琴を弾いてばかりいたのです。姉が働いていたので。

酒井　そうですね。カフカも、結局、芽が出ませんでしたし。

大川隆法　カフカは四十歳で亡くなったんですか？

酒井　そういえば、デカルトも早くに亡くなりました。

大川隆法　ああ、彼も早世でしたね。確か、〝早起きをして死んだ〟のですよね。スウェーデンに呼ばれ、女王へのご進講をすることになったのですが、早起きだった女王のために、毎朝五時から進講しなければならなかったので、すぐに死んでしまいました。

酒井　そうですね。たぶん、もう、この世でやることがあまりないんですよね。

生霊　いやいや、まだまだですよ。夢半ばですよ。

酒井　いやいや。これまでの転生でも、プラスの生産性がないために、早く死んでいった可能性が高いのでは？

生霊　違いますよ。もう、働きすぎたんですよ、あのときは。

大川隆法　まあ、二、三作遺ったから、今世生きた意味は何かあったかもしれないですね。

酒井　あらゆるカルマをまだ持っていますね。プレアデスを滅ぼしたカルマとか……。

大川隆法　言い出したらきりがないので、このへんで……。

酒井　まあ、しかたがないですね。

二時間の収録のなかで反省の言葉が一言もなかった生霊

大川隆法　結局、二時間ぐらいかけても、「自分が悪うございました」とは何も言わなかったということですね。つまり、他を責める気持ちしかないということであり、これは他罰性そのものでしょう。

また、「教えが違うから、ついていけません」ということですが、「ついていけないのは結構ですけれども、自分で自分の身は処してください」とお願いするしかありません。

酒井　そうですね。うーん。

大川隆法　世の中、どこへ行っても厳しいものですよ。ラーメン屋へ修業に行ったとしても、当会より厳しいかもしれません。うちはもう少し優しいでしょう。

酒井　はい。

大川隆法　きっと、ラーメン屋の親父なら、もっと厳しくこき使って、物も投げてくると思いますよ。頭を殴られますよ。

酒井　ラーメンに入れるべきチャーシュー等を入れずに出してしまうようなタイプかもしれません。

生霊　たぶんそうでしょうねえ（笑）。忘れるでしょうね。

大川隆法　お客さんを待たせたりして怒(おこ)られるでしょうね。

酒井　お客さんが怒ったら、「あの客、ひっでえんだ」というようなことを言う人ですよね（笑）。

大川隆法　本当……。

林　一回、コンビニでアルバイトをするのはどうでしょう。

大川隆法　計算間違いをするのではないですか。

生霊　いやいやいやいやいや。本当ですよ、お釣り多く渡しますよ、たぶん。

林　いや、一度、世間の厳しさを知ったほうがいいんじゃないですか。

生霊　いや、だから、ほかの会社を経験したんです。

酒井　昔、バイトをやったことがあるようですが、たぶん、そうとう厳しかったんだと思います。

林　ああ……。

「大川」「幸福の科学」から離れた結果は本人が見定めるしかない

大川隆法　私たちは、この三十年間を返していただきたいぐらいのものがあるのですけどね。一人でかなりの労力がかかっています。労力としては、きょうだい五人のうち、彼一人で四割か五割は食ったと思いますから。

酒井　話題に事欠かないことは数多くされたと思います。

大川隆法　いやあ、本当にスキャンダルの人生でしたよ。残りの人生、何か少しは「来世のいいって」がつくよう頑張るようにね。

酒井　本当に「自助努力の教え」が大切だということはよく分かりました。

大川隆法　努力は嫌いなんですよ。本当に嫌いなのです。

生霊　もう、天から与えられているんですよ。

酒井　やはり、「自助努力がないと、こういう人生になってしまう」という反面教師になるのでしょうか。

干場　今日も、お金がないから、「お金のあるところ」から引っ張ってこようとしているということですよね？　名前は捨てたのに。

大川隆法　いやあ、それは、脅せばそうなるのでしょうね。

酒井　まあ、しかたがないのではないでしょうか。これには本人の「カルマの問題」も多少あるのではないかと思いますが、そう簡単には変わらないというのはよく分かりました。

大川隆法　弟妹たちがちょっとでもまともになれば、取り返せる部分はあるかもしれませんが、最後は、もう、〝大川家滅亡〟までかかっています。今、みな、嫌い始めているから、ちょっと……。

酒井　ただ、「大川」という名前を自ら捨てたりする人は、なかなかいないのではないかと思います。

大川隆法　いや、「教団に迷惑をかけるので」と言ってくだされば、みな、ちょっとは和むのですけどね。「こんな私では迷惑がかかりますので」と言ってくだされば、みな、それは分かる。

生霊　「教団のなかにいたら、私のやりたいことができないので」というのが正解ですよね。

大川隆法　うーん。「『大川』とか『幸福の科学』とかを出さなければ人気が出る」「自分の実力はもっと上だ」と思っている、これが基本なのでしょうから、しっかりと見定めてもらうしかないですね。

酒井　うーん。ないですね。

大川隆法　それでは、締まりの悪い話にはなりましたが、このへんで。磯野さんには、立派なご人格を一部汚したかもしれず、申し訳ありませんでしたが、おかげさまで、ほかの人に入れるよりは、ちょっとはましな人のように見えたところは救いであったかと思います。

酒井　はい。

大川隆法　まあ、お互(たが)いに力が出なかったと思いますけれども、これで終わりにしましょう。

酒井　はい。ありがとうございました。

15　生霊霊言の収録を終えて

大川隆法　（手を二回叩く）はあ……。もう、何とも……。

酒井　いやあ、本当にこれは……。

大川隆法　これは、教学だってしていないと思うし、できないのだと思うのですよ。今、読んでも分からないのでしょう。『仏説・正心法語』の一節を見て難しく感じたというのを見て、「ああ、これは駄目だ」と思いました。何を言っているのか分からないレベルのようなので。

酒井　ええ。「教学をしなさい」と言うと、本当にもう、ワーッという感じになりますから。

大川隆法　「それは、おまえら下々がやればいいんだ」ということでしょう。

酒井　そうですね。聞く耳を持たないので。おそらく、「『教学をしないこと』が自分自身のアイデンティティーだ」と思っているのでしょう。

大川隆法　まあ、でも、世間には、こういう人が山のようにいるのでしょうね。

酒井　そうですね。

大川隆法　渋谷区から港区、品川区のあたりには、そんな人がいっぱいいるのではないでしょうか。

酒井　たぶん、〝ボンボンの武勇伝〟のような人たちでしょうね。

大川隆法　港区の住人などは十人に一人が社長とも言われますので、その二代目にはこんな感じの人は、ゴロゴロといるでしょう。

酒井　そういった人は、すべてが自由になると思っているのでしょうけれども。

大川隆法　ただ、世の中は厳しくてね。そのうちにだんだん沈(しず)んでいき、地方から出てきた新しい人と入れ替(か)わっていくのですよね。会社も潰(つぶ)れて、ほかの人と替わっていくのです。

酒井　はい。

大川隆法　芸能界だって、本当は厳しいのです。

酒井　そうですね。

大川隆法　周りの人に人気がないと、支持してもらえません。「あの人、いい仕事をするね」「気配りができるね」などと言ってもらえなければ、絶対に偉くなれないのですけれども、もう、それさえも分からないようなので。まあ、しかたがないですね。

では、以上としましょう。ありがとうございました。

酒井　はい、どうもありがとうございました。

巻末資料①

「大川宏洋(ひろし)氏のYouTube(ユーチューブ)動画」についての幸福の科学グループ見解

10月1日付で、当教団職員の大川宏洋(ひろし)氏が『宏洋の人生ゼンツッパ!!※炎上(えんじょう)注意!!※宏洋は幸福の科学と決別したのか?!』と題する動画をYouTube(ユーチューブ)上にアップしました。

同動画には、数多くの事実誤認があるとともに、多数の信者の心を傷つける記述が見られるので、本人に厳重注意・反省を促(うなが)すとともに、以下の通り、当グループの見解を明記する次第(しだい)です。

宏洋氏は現在、教団職員として休職中の立場

宏洋氏は動画の中で、「幸福の科学の職員を辞(や)めています」と述べていますが、事実ではありません。本年9月12日、同氏は人事局担当者及(およ)び当教団代理人弁護士と面談し、「休職(人事局付)に伴(ともな)う手続きのご案内」と題する書面を受領した上で、〝退

職〃ではなく「休職」することを合意しています。動画で語っている「幸福の科学の職員を辞めています」、「先方も了承している」は虚偽です。

「神だと思ったことは一度もありません」も虚偽

また宏洋氏は、「私は大川隆法総裁を信仰していませんし、彼を神だと思ったことは一度もありません」と述べていますが、これは事実に反します。2011年4月29日に、「成功への道」という題で、大川総裁による青年向け御法話がなされた際、同氏は前座として「エル・カンターレ信仰と伝道について」と題した講話を行っています。そのなかで宏洋氏は「エル・カンターレは、絶対に、何があっても、あなたがたを見てくださっている。これだけは、確信して言えます」「少しでも、エル・カンターレのお役に立ちたいと、いうふうに考えておりますので、みなさま共に、頑張っていきましょう」と強く信仰心を語っています。確実に、大川総裁を至高神、主エル・カンターレとして信仰していたのです。

その後、自身の未熟さ、努力不足を謙虚に反省することができず、処遇に対する不平不満を募らせて、教団を飛び出そうとしているというのが客観的な事実です。宏洋氏は教団後継者として期待されたこともありましたが、教団幹部として芸能事業を任されるなかで、**教学不足とリーダーとしての資質のなさ、公私混同ぶり**が露呈し、当グループに多大な損害を与えたことが原因でその任を解かれるに至っています。かねてより、教団後継者ではないということが決定しており、正式な教団後継者としては、長女である大川咲也加氏が予定されています。

今回の同氏の行動は、妹である長女に追い越されたことへの嫉妬の表れでしょうし、**不平不満・愚痴を募らせた**に過ぎません。

多大な恩義を受けたことが判っていない

宏洋氏は、「この家に生まれてしまったので、生まれたときからずっと教育されて、当たり前だと思い込んできた」と、たまたま大川家に生まれたように語っていますが、これも違います。真実は、大川総裁との過去世からの深い縁があったからであり、母親の胎内に宿った時点での同氏守護霊の霊言では、将来は父親の役に立つように頑張るという趣旨の抱負を語っていました。その言葉を真摯に受け止めて、大川総裁を始め、当教団は彼を大切に養育してきたのです。

宏洋氏は、教団の将来を担う人材として期待され、幼少期から手厚く育てられました。こうした陰ながらの支えに何のありがたみも感じないというのであれば、生まれて以来、**30年間にわたって、大川隆法総裁並びに教団から受けてきた様々な恩義が判っておらず、**残念至極としか言いようがありません。

同氏には尊い仏縁がありましたが、生まれてから以降の信仰を深める努力不足によって不遇をかこっているわけです。大川家に生まれても、「**親子でも魂は別**」です。今の立場は本人の精進の至らなさが招いた結果です。

オーナー気分に浸る一方で、肝心の信仰心は入会信者レベルの自覚もない

宏洋氏は今回の動画のなかで、下の弟妹たちについて、「彼らも僕と同じように信者ではありません」と発言していますが、これも事実ではありません。宏洋氏を含め弟妹全員が会員番号を持っています。弟妹全員が大川総裁を主エル・カンターレとし

て信仰し、信者であるとしっかり認識しています。

また宏洋氏は、教団職員は労働者でなくボランティアであり、同好会と同じで、「ゲートボール同好会を抜けましたと同じこと。やめるのは会社より簡単。契約書を結んでいない」などと発言していますが、職員は総裁から許されて出家した**聖職者**であり、一方的に還俗できるものではありません。仏・法・僧の三宝への帰依のもと、深く心を見つめ、全人類の救済という聖なる使命の実現に向けて、尊い神仏の手足として自己犠牲と奉仕に生きる、無私なる存在であるべき立場です。幹部職員ともなれば、経営担当としての判断責任が生じることは言うまでもありません。こうした聖職者意識、経営責任への自覚が持てなかったこと、加えて、教祖の長男として生まれ、芸能・映画事業を任されたことで**オーナー気分に浸る一方で、肝心の信仰心は入会信者レベルの自覚もない**ところまで低落していたことが宏洋氏の問題点です。

教団の敵になることで人気が出ることはないことを知るべき

宏洋氏は、「総裁が『清水富美加が世界で一番カワイイ』と言ったとします。これを言ったら、それを同じように思わないといけないんですよ」などと述べていますが、当教団にそのような教義はなく、当グループは自由と寛容を旨としていることは周知の通りです。

千眼美子（清水富美加）氏の出家についても、勝手に仕事を投げ出して事務所を一方的に移籍するような非常識な行為を行ったかのような虚偽を述べていますが、そのような事実はありません。千眼氏は、代理人弁護士を通じ、当時の所属事務所に、まさに仕事ができない状況となったことを詳細に誠意を尽くして説明するなどして交渉した結果として、最終的には所属事務所と２０１７年５月20日付の契約終了について正式に合意したというのが事実です。

さらに動画の中で語られている若手人気女優の守護霊霊言についても、同霊言内で「同女優が当教団の信者である」と明言した事実はありません。

宏洋氏は「週刊誌の方からの取材の申し込みをいただいているが、申し訳ないがお断りさせていただいている」「別にアンチの活動とかをしたいというわけではなく」とは言いながら、事実上、大川総裁並びに当グループを貶める発言を行っています。

このような一連の虚偽・誹謗中傷をなぜ大川宏洋氏は行うのでしょうか？　恐らく、一種の**炎上商法**なのでしょうが、**この手法は当グループには通じません**。また人気タレントになるための踏み台としたいとの思惑があるとしても、**教団の敵になることでは世間の幅広い支持を得られない**ことを知るべきです。当グループは、今回の過ちについて直接、宏洋氏に厳重に注意するとともに、今後、生きるべき正しい道から逸れることがないよう、引き続き厳しく指導を行ってまいります。

二〇一八年　十月五日

幸福の科学グループ広報局

巻末資料②

「宏洋の公式見解」についての幸福の科学グループ見解

10月7日午後、再び、大川宏洋氏が『宏洋の公式見解』と題する動画をYouTube上にアップしました。同動画は、品性のない表現が散見される、取るに足らない〝見解〟であり、わざわざ評するまでもないものですが、やはり幾つかの事実誤認が正されていないため、以下の通り、当グループの見解を明記する次第です。

口火を切ったのは、そもそも宏洋氏

宏洋氏は、当グループが発表した公式見解について「始まりましたよ、嫌がらせ第一弾」などと、あたかも当グループの見解が嫌がらせであるかのように語っています。しかし、そもそも誹謗中傷の口火を切ったのは宏洋氏の方です。宏洋氏が2018年8月23日に『宏洋です。youtube始めました!』をアップし、続いて、10月2日に『宏洋の人生ゼンツッパ!!※炎上注意!!※宏洋は幸福の科学と決別したのか?!』と題する動画をYouTube上に公開したため、多くの事実誤認を正す必要が生じました。そこで、止むを得ず見解を発表したものです。

宏洋氏は「休職中の立場」を否定できなかった

宏洋氏は今回の動画の中で、「辞めたと宣言したじゃないか」などと繰り返しています。しかし、先の教団の公式見解で明らかにした、本年9月12日に宏洋氏が教団人事局担当者及び当教団代理人弁護士と面談したという事実、並びに、この面談の中で「休職（人事局付）に伴う手続きのご案内」と題する書面を受領した上で、〝退職〟ではなく「休職」することを合意したという事実に対しては沈黙したままです。これは、「休職に合意した」ということを否定できなかったということです。

〝教学を18年間おろそかにしてきた〟ことの告白に等しい

また宏洋氏は「12歳まで後継者として育てられていたんで、（教学は）全部頭入ってるんですよ」「その辺の職員さんとかより、よっぽど質の高い説法ができます」など述べています。これは小学校卒業後の18年間、まったく幸福の科学の教学をおろそかにしてきたことを自ら告白しているに等しいと言えます。この18年間、大川総裁が発刊された経典は2000書以上に上り、内容的にも法律学や政治学、国際政治・外交、国際経済、財政学、経営学、国際金融、芸術論、演技論、映画論など幅広い専門分野に裾野は広がり続けており、現時点で発刊点数は2400書に上っています。

大川総裁が世界教師（ワールド・ティーチャー）として弛まぬ精進を続けられた結果として、未来文明の基礎となる膨大な仏法真理群が生み出されました。にもかかわらず、それを真摯に学ぼうとせず、小学生時代に得た教学知識レベルで自己満足に浸っていること、自分の考えに固執し、他人の考えをまったく受け入れず、取り入れるだけの度量・謙虚さを欠いているところに、宏洋氏の慢心が現れています。

宏洋氏の学習面での努力欠如ぶりが表れているのが、八正道を「会内用語」としている点です。宏洋氏は動画の中で、「会内用語、信者さんしか分からない言葉を一般の人がみる所に載せるっていうのはよろしくない」としたうえで、その実例として「八正道」を挙げています。しかし、八正道は古来から使われている代表的な仏教用語です。

芸能における宗教的価値がわかっていない

宏洋氏は、「役者が本職」「映画プロデューサー・役者として、本業はそっちでやってます」としています。しかし全て大川総裁が製作・総指揮した教団映画のなかで与えられた立場です。「ニューヨークで受賞経験もある」というのも同様で、宏洋氏個人に与えられたものではありません。総裁と教団の手厚い支援があって生まれた実績を、自分ひとりの手柄のように吹聴するところに宏洋氏の問題点があります。

また「教団が世間の幅広い支持を得られていない」など、教団に対する社会的評価が限定的であると述べています。しかしこれは逆に、宏洋氏が、宗教的価値がいかに尊いかが判っていないことを示しています。

芸術の起源は宗教です。宗教的神事が時代を下って、演劇や舞踏などの各種芸能へと分化していきました。「尊い神仏への感謝と報恩が流れていなければならない」というのが芸能に求められる普遍的価値なのです。芸能に込めるべき崇高な宗教的価値にまで理解が到らず、**〝芸能と宗教は違う〟という間違った主張を振り回した**ことが、宏洋氏の失敗の原因なのです。

宏洋氏が当グループの芸能・映画事業を離れてから後も、映画分野でも十年先まで新規企画が生まれ、共鳴する新たな脚本家・俳優が次々と集いつつあります。

仕事が欲しければ汗をかけ

宏洋氏は当グループが提示した見解に対して、事実に基づいて何ら明確に反論できていません。

最後には「仕事を下さい」といつもの〝おねだり〟を繰り返しています。そんなに仕事が欲しければ、自らオーディションに足を運び、汗をかいて、自分の努力で摑み取るべきです。なすべき努力を厭い、人が用意してくれた御輿に乗るだけの甘えが抜けなければ、宏洋氏は挫折を繰り返すのみでしょう。

二〇一八年　十月九日

幸福の科学グループ広報局

巻末資料③

大川宏洋氏動画「『幸福の科学』の職員が新居に突撃してきた」についての幸福の科学グループ見解

10月16日、大川宏洋氏が『【恐怖映像】なぜバレた!?「幸福の科学」の職員が新居に突撃してきた【宏洋の人生ゼンツッパ!!】』と題する動画（以下、「本動画」とします）をYouTube上にアップしました。本動画には、多くの事実誤認と当グループに対する誤った意見が含まれているため、以下の通り、当グループの見解を示します。

職員指導は、休職中の職員に対する教団として当然の行為

宏洋氏は本動画の中で、教団職員が同氏の自宅を訪問したことを〝嫌がらせ〟であると批判しています。しかし、そもそも、同氏は、本年9月12日に教団人事局担当者及び当教団代理人弁護士と面談し、〝退職〟ではなく「休職」することを合意しており、現在、休職中の立場です。にもかかわらず、外部に対して、教団に対する誤った意見

を発表し続けています。こうした問題に対処するため、当グループの人事担当者は電話やメールで連絡を取ろうと努めました。しかし同氏からの返事がないので、やむを得ず教団職員と弁護士が自宅を訪問し、アップ動画の問題点を伝えようとしたのです。これらのことは、教団として当然なすべき指導の一環です。

今回、宏洋氏は居留守を使って教団職員の訪問を避けたことを明かしました。同氏が面会を避けるのは、動画を通じて自分の都合のいいように虚偽・曲解を述べ、あたかも教団側に問題があるかのように思わせていることを暗に認めているに等しいと言えます。もし、自身にやましさがないのであれば、堂々と教団に対して正面から向き合って話し合うべきです。

教団の施設取得はすべて正当な手続きを経ている

また宏洋氏は、当グループが都内マンションを取得した際、「悪質な嫌がらせ」をして、住民を不当に追い出したかのように述べていますが、そのような事実はありません。同マンションは売却物件として売り出されていたものであり、当グループの総合本部機能の拡充のために正当な手続きを経て宗教施設として取得したものです。当時住んでおられていた方々には、正当な手続きの上、双方合意の上、退去いただいています。

選民思想を持っているのは宏洋氏自身

今回、宏洋氏は、教団には〝選民思想〟があるとしています。しかし、「自分は選ばれた特別な存在だ」と思っているのは宏洋氏自身でしょう。教祖の長男として生まれ、芸能・映画事業を任されたことでオーナー気分に浸る一方で、肝心の信仰心は入会信者レベルの自覚もないところまで低落していたことが宏洋氏の問題点でした。教学不足とリーダーとしての資質のなさが露呈し、当グループに多大な損害を与えたことが原因でその任を解かれたのです。すべて、宏洋氏自身が持っている〝選民意識〟が災いしているのです。「特別の存在」という自意識過剰ゆえに、自身の未熟さ、努力不足を謙虚に反省することができず、教団職員としての職責を果たせなかったのです。

「サラリーマンへの救い」に満ちた教え

また宏洋氏は、本動画のなかで、当グループがサラリーマンを卑下していると述べていますが、そのような事実はありません。当グループには、「常勝思考」や「繁栄思考」など、ビジネス、経営系の教え、書籍、研修、祈願が数多くあります。競争社会であるビジネス界の現場で苦しむ人々を卑しく見下す考え方は、その中には微塵もありません。そもそもサラリーマンや経営者を蔑視するような発想があれば、数多くの仕事論・ビジネス論・経営論を説いた経典・研修・祈願があり得るはずもないのです。

また、「サラリーマン根性を捨てる」という言葉も、神仏に仕える聖職者としての無私無我なる心構えを教えるものであり、蔑視的な意味合いはまったくありません。

当グループは、「自由」「民主主義」「信仰」という価値観に根ざした世界の実現を目指しています。民主主義とは、誰もが平等に努力するチャンスを与えられ、その結果によって公平に評価される制度です。これは当グループにおける人材評価の基準でもあります。

宏洋氏は、「教団批判はしない」と言いつつ、事あるごとに当グループを貶める虚偽・曲解を発表してきました。そうすると視聴者数が稼げるからなのでしょうが、これは同氏自身が〝教団離れ〟できないでいることの証左でもあります。当グループは、今回の過ちについて宏洋氏に厳重に注意するとともに、引き続き厳しく指導を行ってまいります。

二〇一八年　十月十六日

幸福の科学グループ広報局

巻末資料④

大川宏洋氏動画「『幸福の科学』の職員が新居に突撃してきた」についての幸福の科学グループ見解（その2）

悪質な嫌がらせは、まったくのでっちあげ

宏洋氏は、2018年10月16日に公開した動画のなかで、当グループによる都内マンションの取得について、当グループが入居していた親しい友人一家に対して「悪質な嫌がらせ」をしたなどと語っていますが、まったくのでっち上げです。

宗教的施設として正当に使えるようにした

このマンションは当グループの担当職員が売り物件を見つけて購入に動いたもので（2008年5月に取得）、宏洋氏が動画で語っているような、大川隆法総裁が欲しくなったなどという事実は全くありません。取得後、賃借の入居者の一軒が当初、法外

な立ち退き料を要求するなどして居座り続け、その息子の一人がたまたま宏洋氏と高校からの同級生だったのです。当グループは執着などの穢れを落とすべく、礼拝室を設け、宗教的にお祈りを行うなどして、宗教的施設として正当に使えるよう務めました。この件は、裁判上の和解で円満に解決しているものです。

このように宏洋氏の主張はまったくの虚偽であり、当グループは、今回の過ちについて宏洋氏に厳重に注意するとともに、引き続き厳しく指導を行ってまいります。

二〇一八年　十月十九日

幸福の科学グループ広報局

巻末資料⑤

弊社前代表取締役兼タレント・大川宏洋氏の代表取締役解任の経緯について

（ニュースター・プロダクションHP掲載文）

弊社前代表取締役兼タレント・大川宏洋氏が、一連の動画配信において誤解を招く発言を一方的に繰り返しており、誠に遺憾に思います。これらの品性がなく破廉恥な動画が、弊社の社会的信用を著しく毀損するとともに、結果として所属タレントの営業活動に支障をきたしつつあるため、ここに同氏を代表取締役社長から解任せざるをえなかった経緯をお示しします。

２０１７年3月に弊社タレントとの交際が発覚。社長業並びにプロダクションとしての業務に支障をきたす恐れから、取締役会の決議もあり、一旦は別れた。しかし復

弊社前代表取締役兼タレント・大川宏洋氏の代表取締役解任の経緯について

縁を求め「今日は会えない」と言っているタレントの自宅前まで執拗に押しかける等のストーカーまがいの行為も見られたため、取締役会として社長解任を求め、弊社・大川隆法会長に直訴をおこなった。しかし同氏が主役を務める劇団公演が直前であることと映画『君のまなざし』公開が控えているとの考慮から、会長の取り成しにより、宏洋氏が交際している女性との関係を公私混同せず、仕事上の成果を中心として会社運営をしていくことを条件とし社長業を継続することで和解がなされた。

しかし社長就任当時より社長としての適性を欠く行為があり、また取締役会での和解後も、改善されることなく社長として不適切な言動が露見しました（以下記載）。

①勤務実態は週1回程度の出勤で、それ以外の時間をデートやジムでの個人的なトレーニングを行う等、勤勉な勤務姿勢が見られず社員やタレントのモチベーションを著しく下げ、かつ重要な決裁が滞る等、弊社経営に支障を来たしたこと。

②「自分は霊能者で、女性タレントの生霊が自分に取り憑いている」との思い込み

が激しく、その女性タレントを長期間地方に送ったが、間違った判断であることがその後判明した。また交際している女性を職員として採用し、弊社の運営を仕切らせたいとの発言がある等、恋愛感情や個人的な好き嫌いによる人事異動や公私混同した判断が多かったこと。

③２０１６年12月の幕張メッセで歌唱能力がないにもかかわらず準備不足のまま、歌唱披露した結果、「宏洋さんのライブはとても辛かった。これっきりにして頂きたい。」「歌はレベルが低すぎる。恥ずかしくて聞いていられなかった。」等多くのクレームがあり、弊社の評判を下げたこと。

④主演を務めていた映画『さらば青春、されど青春。』の撮影期間中（２０１７年10月）にもかかわらず、数十名規模の外部小劇場の役者としての舞台出演を優先し、その結果、映画の撮影予定を全て組み直さざるをえない状況となり、『さらば青春、されど青春。』の制作に数千万円の損失を発生させる等、社長としての経営判断能力の不足が露呈したこと。

⑤映画制作関係者から「役づくりをしていなくてやる気が感じられない。」「演技

の悪い癖を直そうと何度指摘しても直らない、直そうとしない。」という声が上がっていた。またセリフすらきちんと覚えてこないため、あるシーンでは20回近くNGを出してスタッフも共演のキャストも呆れ果てたこともあり、「演技が下手で、役者の才能がない。」と認定されながらも俳優に固執し続けたため、業務連絡や決裁の滞り等で社長業に支障を来たし仕事能力・マネジメント能力におけるキャパオーバーが見受けられたこと。

上記一連の経緯の通り、社会人としての常識もなく、経営能力と社長としての適正さを欠いていたことは事実であります。したがって動画の中で「自分は何もしていないけど、解任された」旨発言しておりますが、実状は違っており弊社は２０１７年11月23日に大川宏洋氏を、代表取締役社長から解任せざるをえませんでした。その後、タレントの専属契約についても12月31日に合意解約しております。

皆様方におかれましては、事情ご賢察の上、引き続き変わらぬご支援、ご指導を賜りたくお願い申し上げます。

二〇一八年　十月十九日

ニュースター・プロダクション株式会社 代表取締役社長

大田薫（おおたかおる）

巻末資料⑥

「週刊文春」(2019年2月28日号)インタビュー記事「大川宏洋氏の虚言・誹謗中傷」に反論する

「週刊文春」(2019年2月28日号)において、「大川宏洋氏インタビュー記事」が掲載されました。同記事で紹介されている宏洋氏の発言は全くの虚偽であり、テレビ番組で取り上げられた同誌の宏洋氏のインタビュー内容も同様です。同記事中には、多くの誹謗中傷、事実誤認が含まれ、当グループおよびその関係者の名誉を傷つける不当な記述が多数存在するため、以下の通り、誤りを正し、当グループの見解を示します。

締め切り間際に送りつけられてきた「週刊文春」編集部からの取材ファックス

今回の記事では、締め切り間際の2月18日(月)午前11時過ぎに「週刊文春」編集

巻末資料⑥

「週刊文春」（2019年2月28日号）インタビュー記事
「大川宏洋氏の虚言・誹謗中傷」に反論する

部（加藤晃彦編集長）から大川宏洋氏に関する記事についての事実確認を求めるファックスが入りました。しかし、企画の趣旨についての説明は一切なく、その回答期限は当日夕方と極めて短く設定されていました。

　そもそも、この記事の主要な取材対象者である大川宏洋氏は、教団幹部として芸能事業を任されるなかで、女性問題等の公私混同が目に余り、映画制作に支障をきたす等、当グループに多大な損害を与えたことが原因で、２０１７年11月23日に当グループの芸能事務所、ニュースター・プロダクション（ＮＳＰ）社長を解任されています。また、解任後もネットやその他のメディアのインタビューにおいても、多くの誹謗中傷や虚言を繰り返し、多数の信者の心を傷つける表現を発信しています。加えて、かつて信仰心があるかのように振舞うことで映画の主演や教団の要職に就いていたこと自体が、詐欺に当たる恐れが強いとも言えます。

　こうした問題に全く触れないまま、一方的に宏洋氏の言い分のみを大々的に取り上げ、教団関係者について論じさせることは、報道の社会的相当性の範囲を逸脱しており、言論の自由の濫用に他なりません。同時に、宗教活動の妨害につながるという意味で、憲法が保障する「信教の自由」の侵害に相当します。
そのため、当グループは「週刊文春」編集部に対して上記事実を説明し、代理人弁護士名で事前に書面にて強く警告いたしました。にも関わらず、同編集部が記事掲載を強行したことに対して、ここに、改めて強く抗議いたします。

大川隆法総裁の「結婚強制」は全くの虚偽

同記事では、宏洋氏に対して千眼美子（本名・清水富美加）氏との結婚が強制されたとしていますが、全く事実ではありません。また、大川総裁が千眼美子氏に対して、結婚を念頭に所属していた芸能事務所を契約途中で辞めることを承諾させたなどの記述も全く事実に反します。

この頃（２０１６年７月以降）の経緯を時系列に沿って、整理してみたいと思います。

２０１６年７月当時、若手新進女優として日増しに注目度がアップしていた当時の清水富美加氏は、自身の思想信条に合わない映画の撮影を前にして、毎日のように金縛りにあっていました。そこで、ＮＳＰ関係者である知人に相談し、当教団の精舎の一つである東京都港区高輪の東京正心館で祈願「悪霊封印秘鍵」を受けました。宏洋氏は、この祈願の場にＮＳＰスタッフとともに参列しています。この時から宏洋氏は、清水氏に当グループ製作映画に出演して欲しいと思い、彼女への接触を図り始めています。飲み会を企画し、彼女との共通の友人を介して何度か誘ったものの、この時は清水氏に断られています。

２０１７年１月17日に『女優・清水富美加の可能性』と題して、清水氏の守護霊霊言が収録されると、宏洋氏はこのビデオを清水氏に見せようと、同

2008年　8月………映画の仕事を手伝い始める(大学1年)
2012年　3月………大学卒業とともに 幸福の科学理事長に就任(〜5月)
　　　　12月………大川総裁が紫央総裁補佐と再婚
2013年　2月………大手建設会社に出向
2014年　1月………大手建設会社に正式入社
2015年11月………幸福の科学職員に復帰
2016年　1月………副理事長(兼)NSP株式会社社長に就任
　　　　7月………清水富美加氏が悪霊封印秘鍵を受ける、宏洋氏参列
2017年　1月17日…富美加氏の守護霊の公開霊言
　　　　1月22日…宏洋氏が富美加氏に霊言ビデオを見せる
　　　　　　　　　富美加氏と父親が大川総裁と面談
　　　　1月24日…富美加氏の出家が決定、法名・千眼美子授与
　　　　1月25日…宏洋氏による霊言(霊人が千眼氏との結婚を勧める)
　　　　2月 7日…この日まで旧事務所の仕事(以後はドクターストップ)
　　　　2月11日…知人宅の会食で宏洋氏の悪口に千眼氏が不快感
　　　　2月12日…スポーツ紙で千眼氏出家の大報道、記者会見
　　　　11月18日…大川総裁と千眼氏・宏洋氏が会食
　　　　11月23日…宏洋氏NSP㈱社長解任
2018年　9月 7日…宏洋氏、幸福の科学を休職することに同意
　　　　9月12日…宏洋氏、休職の説明を人事担当と弁護士から受ける

年1月22日に清水氏本人と父親を東京正心館に呼びました。つまり、清水氏と最初に接触・交流を図ったのは、宏洋氏だったのです。

その場で自身の守護霊霊言を見た清水氏は、当グループの映画に出てみたいと語るとともに、信条に反した映画出演によって心身の強い不調を感じており、「今の仕事をやめてもいいと思っている」と訴えました。この意外な返答に宏洋氏は驚き、自分だけでは対処しきれなくなったため大川総裁を頼り、そのまま清水氏と父親を連れて大川総裁のもとに向かいました。急なアポイントにもかかわらず、会ってくれた大川総裁に対して、清水氏は、ずっとつらい労働環境で死にたいと思っていたこと、当教団の映画に出るのが夢でしたと語りました。

「清水富美加さんのフォローをよろしくお願いします」

同席していた宏洋氏は、清水氏が事務所での仕事より当会の信仰を深めたいという意向を持っていたことに驚きました。映画で共演したいと思っていたのですが、まさか事務所を辞めて当会にくるという話にまで進展するとは思いもよらなかったのです。

ここから宏洋氏は清水氏の出家に対して逃げ腰になっていきます。当時、劇場公開を控えていた自身が助演する教団映画『君のまなざし』が、影響を受けて公開中止に追い込まれるのではないかと恐れたのです。そして、宏洋氏は、清水氏に対して「今の仕事をやめるべきではない。決められた仕事を遂行するべきだ」などと主張するようになり、心身ともに疲れ果てている清水氏の出家に反対し続けました。

その後1月24日に、大川総裁の裁可により、清水富美加氏の出家が決まり、「千眼美子」という法名が授与されました。翌日25日に、彼女の今後について、天上界の霊人の意見を聞こうと霊言収録が行われた際、参加していた宏洋氏は、自身がチャネラーとなって霊を入れ、霊言を行いました。そのなかで、宏洋氏に入ったある霊人が、同氏に千眼氏との結婚を勧めました。（ただし、宏洋氏の霊言は、大川総裁の霊言とは違い信頼性が低いため、宏洋氏の願望が霊言内容に強く反映していた可能性も否定できません。また、千眼氏本人はこの場にはおりませんでした。）

この霊言収録の直後、宏洋氏は「納得しました。（結婚は）たぶん、正解なんだろうなと思う。だから、正解を選んでいくようにしないといけないんだろうなと。でも、僕、一回、失敗しているから。あのタイプは幸せな家庭をつくるタイプだなあと（思う）」と発言し、結婚に前向きでした。周りのスタッフが宏洋氏に「自分の意志として、結婚したいのですか」と聞いたところ、宏洋氏は「結婚したい」と答えており、「清水富美加さんのフォローをよろしくお願いします」と頼んでもいました。

〝結婚の強制〟という虚構の始まり

その後、この霊が語った結婚話を、宏洋氏は大川総裁から言われたものと思い込むようになります。これが、「週刊文春」記事で取り上げられている〝結婚の強制〟という虚構の始まりなのです。霊体質である宏洋氏は、記憶がすり替わることが極めて多く、また、記憶自体が飛んでしまったり前後の脈絡が交錯してしまうなどの理由で、言うことがコロコロ変わります。また感情のブレが激しく、つい先ほどまで好感を持っていた人に対して、突如、強い悪感情や攻撃心を持つことが頻繁にありました。一般に、宗教者が霊能者となった場合、悪霊や悪魔の声が聞こえるようになるなどして、翻弄されることがしばしばあります。そのため、霊的な指導を行える導師（マスター、グル)の導きのもと、教学や絶えざる精神修行を必要とします。なお、当教団から離れてしまった宏洋氏は、師を見失って孤立し、たった一人で様々な悪魔・悪霊を相手にしなくてはならない状態にあります。このことが当教団に対する虚言・誹謗中傷を行うことの原因になっていると言えます。

「高畑裕太に似てますよね」

一方、千眼氏に関しては、記事で言われているような、宏洋氏との結婚のために当時の所属事務所を辞めたということは全くありません。事実としては、出家後、同じ教団職員同士という間柄になった宏洋氏について、彼が大川総裁への悪口を連発したり、教祖の長男であることを理由にして、余りにも馴れ馴れしい態度を取ることに対して、千眼氏は生理的な違和感を覚えてさえいました。ある時には、宏洋氏に対し「(強姦致傷容疑で逮捕された)高畑裕太に似てますよね」と告げ、やんわりと距離感の近さをたしなめたこともあります。

この一言で、千眼氏に振られたと思い込んだ宏洋氏は、これみよがしに自身が社長を務めるニュースター・プロダクションに所属する女性タレントとの交際を始めます。そして、この女性との結婚話が、後述する「〝結婚強制〟を断わったことで大川総裁を怒らせた」という「週刊文春」記事の虚構へとすり替わっていくのです。以上が、千眼美子氏の出家の経緯と宏洋氏との関係のあらましです。

生命の危険もあった出家前後の千眼美子氏

上記事実からも分かる通り、大川総裁が千眼氏に連絡を入れ、所属していた芸能事務所を契約途中で辞めるよう話をつけたとの記事内容は全くの誤りです。大川総裁から直接、千眼氏に連絡を取ったなどということも、一度もありません。

千眼氏は、以前の事務所に所属していた当時、心身が甚だしく消耗し、ドクター・ストップがかかるような、毎日が綱渡りのギリギリの状態が続いていました。当教団は、いわば〝駆け込み寺〟として同氏が希望する出家を認めたというのが事実です。精神的にも肉体的にも限界であり、そのままでは生命の危険がありました。それでも千眼氏は、出家が決まった1月24日から2月7日まで仕事も続けています。

自身の舞台出演のために映画撮影を中断、数千万円も予算を超過させた宏洋氏

同記事には、千眼氏が映画製作スタッフの陰口を言っていたなど、同氏について多くの誹謗中傷がなされています。しかし、千眼氏は出家以前、共演したい女優ナンバーワンとなり、スタッフの評判がいいことで有名でした。現場での評判が悪く、スタッフの士気を下げたのは宏洋氏の方です。自身の舞台出演のために映画の撮影を中断し、数千万円も予算を超過させるなど、当グループに打撃を与えています。一方、千眼氏は当教団の宗教的真理を広めることに強い使命を感じて、当グループの映像芸術事業に参画しており、この純粋な信仰心を傷つける宏洋氏の発言は、決して許されるものではありません。

記事中には、千眼美子氏が「基本となる経典『悪霊撃退の祈り』さえ読んだことがないと本人から聞かされた」などの記述が存在しますが、事実に反します。同氏は幼少時からの熱心な信者であり、出家以前から教団の支部や精舎で、たびたび祈願や研

修を受けており、「悪霊撃退の祈り」を読んだことがないというのはあり得ません。

千眼美子氏は引退表明などしていない

記事では、千眼美子氏が芸能界からの引退を表明し、その際、出演していたテレビや映画の放送中止や差し替えなどの混乱が起きたとされていますが、いずれも事実ではありません。

千眼氏は引退を表明したのではなく、女優業を続けつつ、出家して宗教修行を積み、人々に救いや希望を持っていただく救済行の一環として、良心的な作品への出演を希望する旨(むね)を発表していました。また、千眼氏の出家によって放送中止や上映中止となった作品はありません。ドクター・ストップにより出演をキャンセルした事例はありますが、完成した映画作品等はすべて公開されています。

「千眼さんとの結婚(けっこん)の話は出さなくていいんですか?」

記事中では、2017年11月18日に宏洋氏が千眼美子氏と同席の上、大川総裁と面談した際、千眼氏との結婚強制を断ることで大川隆法総裁を怒らせたとの記述があります。

この日は、映画『さらば青春、されど青春。』のクランクアップを受けて、製作総指揮者である大川総裁が、主演とヒロインである宏洋氏と千眼氏を教団施設の大悟館に呼び、他の役員数名も同席のもとで映画の仕上がりについての感想を聞く機会を設けていました。千眼氏は、主演を頑張った宏洋氏をおおむね褒めて、「宏洋氏には演技の才能がある」と言っていました。

宏洋氏は、映画出演の感想を聞くために呼ばれているにもかかわらず、「千眼さんとの結婚の話は出さなくていいんですか?」などと言い始めました。前述したように、宏洋氏は霊人から言われた千眼氏との結婚話について、総裁から命じられたことであるとすり替わって思い込んでおり、総裁から結婚話を切り出すように催促したわけです。

「わぁ、良かった！」

大川総裁は、何のことを言っているのか分からない、千眼氏と宏洋氏との結婚話などないだろうと発言しています。そもそも、宏洋氏は所属女性タレントと付き合っており、結婚話を勧められる状況ではありませんでした。これを聞いた千眼氏は「わぁ、良かった！」と思わず言いました。

そして映画出演の感想を聞く中で、映画のクライマックスである名古屋港で2人が演じた別れのシーンの話題になりました。この場面で、宏洋氏が演技中に感極まって泣いたことについて、大川総裁が「（自制心と責任感にあふれた主人公の性格からして）監督が『あそこで泣いてはいけない』と言っていたけど、結局、宏洋は泣いちゃったんだよね」と言ったことに対して、千眼氏が相槌を打ち「確かに、あれはやりすぎでしたかね」と発言しました。

「あいつはくそ女だ、信用できない」

現場では「よかった」と褒めてくれていたのにもかかわらず、自分の演技について大川総裁の前で千眼氏から批判されたと思い込んだ宏洋氏は突如逆上し、千眼氏が帰った後、大川総裁に対し、「あいつはくそ女だ、信用できない」などと言い始めました。千眼氏が宏洋氏の演技がうまかった、才能があると褒めてくれていたことはすっかり忘れ、千眼氏の悪口を言いまくる宏洋氏の様子は明らかに異常で、まるで駄々っ子のようだったと同席した役員たちは言っています。

〝結婚の強制〟という虚構の真相

また、当時、宏洋氏は芸能プロダクション社長の立場でありながら、所属女性タレントとの交際に走っていたことは既述の通りですが、この場で、宏洋氏は感情に突き動かされ、この女性との結婚をプロダクション会長である大川総裁に懇願しました。しかし、大川総裁は、社長としての宏洋氏の公私混同をたしなめています。このことが、千眼氏との結婚を大川総裁から強制され、それを断って激怒されたという話へと宏洋氏の記憶の中ですり替わっていくのです。これが、「週刊文春」記事の中心的なテーマである〝結婚の強制〟という虚構の真相です。つまり、結婚を勧めた霊人が大川総裁にすり替わり、公私混同をたしなめられたことが、結婚強制を断って怒られたことへとすり替わり、この二重のすり替えが、「週刊文春」の虚報記事「清水富美加との〝結婚強制〟」を生み出しているのです。

女性タレントとの結婚を認められなかったことに怒り狂った宏洋氏は、直後に同氏はスタッフに連絡を入れ、「幸福の科学を辞める」と言ってきました。スタッフから「生活費や養育費はどうするのですか」と問いただされたところ、宏洋氏は「お金がないので社長を続ける」と言っていました。

東大を期待できるような学力ではなかった宏洋氏

また、今回の記事では、幼少時から宏洋氏が受けてきた手厚い教育について事実誤認や曲解している箇所がいくつもあります。

一例を挙げると、小学校に上がる前から「東大法学部に現役合格せよ」と言われ、友達との遊びも禁じられたなどです。大川総裁はこのようなことを言ったことはありません。実際には、宏洋氏の家庭教師を務めた教団職員に東大医学部卒や東大法学部卒が多くを占めていたことを、宏洋氏が東大に合格しなくてはならないと曲解していただけです。集中力が続かない宏洋氏を案じて、教育係をつけたということに過ぎません。宏洋氏は東大を期待できるような学力ではありませんでした。また長女の咲也加氏はお茶の水女子大学を勧められており、それぞれの個性に合った教育方針が採られていました。

記事には、4歳か5歳の頃には、開成中や麻布中などの有名進学校、東大の学園祭に連れて行かれたとの記載があります。これは、宏洋氏の守護霊が、同氏の生まれる前に「開成から東大に行く」と豪語していたので、その意向を叶えるために小学校中・高年の頃に進学校を見学させたものです。ちなみに宏洋氏の弟2人はそれぞれ開成、麻布中高に行っています。都会では小学生で志望校見学に行くのはよくあることです。

他人へのいたわりや、人格的な向上の大切さが記された大川家の家訓

また記事では、「何事も一番でなければ意味がない」というのが大川総裁から教わった唯一の教えだとされています。しかし、大川総裁はそのように言ったことはありませんし、宏洋氏が一番を取ったこともありません。この言葉は、大川総裁がその父・善川三朗氏から言われた「どんな田舎の学校であっても、どんな小さな学校であっても、一番の人だけは違う」という教えを曲解しているだけのことです。大川総裁が定めた大川家の家訓や養育方針には、学力についてだけではなく、他人へのいたわりや、人格的な向上の大切さが記されており、ここにも宏洋氏の記憶のすり替えと思い込みが見られます。なお、宏洋氏は、進学した学芸大学附属竹早中学3年時に、学年ビリを記録しています。そのため学芸大学附属高校に内進できなくなりました。

40分以上は机に向かっていられなかった宏洋氏

また記事中には、幼稚園当時、朝8時から夜の8時まで『太陽の法』などの経典を

叩き込まれていたなどの記述があります。しかし、本来、多動性で、40分以上は机に向かっていられない宏洋氏が何をし始めるか分らないため、勉強以外の遊びやスポーツの時間も常に付き添う人が必要だったというのが実態です。宏洋氏は、人が付いているだけなのに、監視・勉強させられていたなどと曲解しています。子供部屋とは別の勉強部屋に監視カメラが設置されていたというのも、ベビーモニターの進化形で、親が離れた所にいても子供を見ることもでき、双方向で会話が出来るものをスタッフが実母に提供していただけのことです。こうした手厚い教育配慮にもかかわらず、宏洋氏の遊興好きは変わりませんでした。

ムシ好きだったのは総裁ではなく、息子たちのほう

また、記事には、総裁がムシ好きなため、軽井沢の別荘内に秘書たちが店で買ってきたカブトムシやクワガタを野生に見せかけて置いていたとの記述があります。しかし、これは総裁ではなく、子供たちがムシ好きだったので、彼らを喜ばせようと秘書が育てていたものであり、こうしたことへの感謝もないのは、残念でなりません。な

お、これらのクワガタやカミキリムシは自生していたものです。ちなみに、息子たちはムシ好きのため、誰が一番目にカブトムシを捕獲できるかを、表を作って競争していたくらいです。

素行不良で中高生時代から友人宅を泊まり歩いていた宏洋氏

そのほか、記事では、リビングで私語をすると叱られたという記述についても、「本を読んでいる時は、静かにしてね」と言われただけのことです。宏洋氏だけが家族と切り離され、食事も一緒に取れなかったなどと、恨みがましく書かれていますが、大川総裁は、宏洋氏にそのような対応を指示したことは一度もありません。宏洋氏が希望すれば、大川総裁と交わり、家族の団欒を楽しむことも可能でした。しかし宏洋氏は、中高生時代から素行不良で友人宅を泊まり歩くなど不在がちでした。大川総裁は何度も声をかけたにもかかわらず、むしろ本人が寄り付かなかったというのが事実です。

また、男子進学高校に進学後、女性と付き合いたいという理由で別の男女共学校に入学し直した際、父親から「お前の考えていることはもう理解できない」と言われ、自宅から追い出されてしまったとの記述がありますが、そう言って追い出したのは当時の母親です。大川総裁は、「大人にならないと、どうなるかは分からない」と言って宏洋氏をかばい、その成長を信じて見守ることを選んでいます。

また、陰で世話係の職員から殴られていたなどの記述も大きく誇張されています。実際には、仲の良い女性職員から冗談で「今度、悪さをしたら、お尻ペンペンよ」などと言われていたというのが事実です。

教団のアニメ映画にクレームをつけ、原画を全て描き換えさせる

記事では、大学一年で教団のアニメ映画「仏陀再誕」の脚本を担当したことが、一生の仕事の発見につながったとされています。しかし、実際は、宏洋氏に何とか教団関係の仕事の道はないかと考えた妹の咲也加氏が、まずは映画事業はどうかと、本人に気づかれないように斡旋したものでした。こうした配慮にもかかわらず、宏洋氏は、映画関係の仕事担当となるやいなや、それまで2年間かけて描いたアニメ原画にクレ

ームをつけ、すべて描き換えさせるという暴挙に出て、監督を怒らせています。

「飢えないようにパパについていく」などと弟妹たちは言っていない

また記事では、大川総裁の離婚の際に、宏洋氏を含めた5人の子供たちが集まり、「ママに付いていったら、飢え死にする。パパに付いていこう」と全員一致で決めたことが述べられています。しかし実際は、上記の発言は、実母である前妻が「ママに付いていくと食べていけるか分からないから、子供たちはパパに付いて行きなさい」と発言した際の内容です。自身は料理が得意ではなく、子供たちの食事を用意したことがなかったため、父親へ付いていくように言ったのです。宏洋氏は実母の発言を子供たちの意見としてすり替えて記憶しているわけです。

この離婚の経緯について、記事では宏洋氏が仲介役を務めたかのように書かれています。しかし事実としては、大川隆法総裁は、最後まで20年間連れ添った妻を導こうとしていました。妻として、5人の子供たちの母として、大切に思われていましたが、教団の発展に伴って、前妻の実務能力・仕事能力が追いつかず、彼女が教団を自分が仕切れる大きさにするため縮小したいと主張するなど、教団の全世界伝道のミッションを妨げる状況にまで到ったため、公的使命を果たすべく、やむを得ず、自ら離婚に踏み切られました。

取引先企業への出向と就職にコネを使う

記事中では、宏洋氏が民間企業に就職し、建設会社で3年ほどサラリーマン生活を送ったとされています。しかし、事実は、父親に頼み込み、教団の取引先である大手建設会社に出向という形で引き受けてもらったもので、給料もその間は教団側が負担していました。しかも、わずか1年ほどで信者ではない一般女性との間に子供が出来たため、宏洋氏が出向から正社員になりたいと父親にさらに頼み込み、同じ企業に正社員として入社することになりました。これは普通に就職活動をしたわけではなく、幸福の科学の強いコネで大手企業に入っただけでした。

「総裁先生に恩返しをしたい」

また記事では、「『父の後を継ぎたい、宗教の仕事をしたい』と思ったことは一度もありません」とされていますが、大手建設会社から当グループに戻った際には、「総裁先生に恩返しをしたい」と発言しています。また、後継者になることが出来るのは、霊能者としてチャネラーを務めることができる自分ともう一人の弟だけだとの発言を聞いた職員は複数います。

「信仰の火を灯していきたい」

記事中で宏洋氏は、「父を神だと思ったことはありません」と述べていますが、これが事実であれば、同氏は重大な詐欺行為を働いていたことになります。宏洋氏が教団幹部時代の2011年4月29日、「成功への道」という演題で大川隆法総裁による青年向け御法話がなされた際、宏洋氏は前座として「エル・カンターレ信仰と伝道について」と題した講話を行っています。そのなかで同氏は、「エル・カンターレは、絶対に、何があっても、あなたがたを見てくださっている。これだけは、確信して言えます」と語っています。

また、理事長に就任した直後の２０１２年３月17日には徳島県鳴門市の教団施設で行った信者向け講話のなかで、「私には目標があります。それは、信仰者が最も尊い仕事をしている人だと全世界の人たちが認める世の中になっていくこと。これが私の掲げる目標です」としています。さらに1ヵ月後に東京で行われた全国の支部長向け講話のなかでは、「まだ目覚めていない我々の仲間たち、光の天使たちに燎原の火のごとく信仰の火を灯していきたいと思う」と語っています。

欺いていたことを認め、謝罪の上、金品を返納すべき

もし、こうした信仰心あふれる講話が、そのように振舞うことで教団の要職に就き、生活の糧を得るためだけの〝演技〟でしかなかったのであれば、宏洋氏は信者から返金を求められる可能性すらあります。同氏は、信者を欺いていたことを認め、謝罪の上、過去に遡って当グループから与えられた金品を返納すべきでしょう。また、信

仰心があることを前提に起用されていた当会映画での主演・準主演級での起用に伴う出演料も、同様に返還すべきです。

記事の中で宏洋氏は霊言について「占いみたいなもの」などと揶揄しています。しかし、自分自身もチャネラーとして過去、何度も霊言を行っていることをどう説明するのでしょうか？　宏洋氏は大川総裁が事前に霊言対象となっている人物の資料に目を通していることを指摘しています。しかし、霊言の前には、大川総裁による事前解説が行われるのが通例で、そのためにも、その人物の業績や歴史的位置付けを確認することは必要です。

宏洋氏も霊能者ですが、修行を怠り、悪魔や悪霊に人生を翻弄されていることを、まず自らが反省すべきです。

宏洋氏が後継者だったことは一度もない

また記事中では、弟妹には両親に対する特別な感情がないであるとか、他の弟妹も当教団を宗教としては見ておらず、〝家業〟として捉えているかのような記述がありますが、これも事実に反します。後継者に決定している長女の大川咲也加 副理事長兼総裁室長は、大川隆法総裁との共著『幸福の科学の後継者像について』のあとがきのなかで、次のように書かれています。「大川家の長女として生まれさせていただいた私は、本当に世界一幸運な人間であると、日々実感しております」、「幸福の科学の皆様と共に、主エル・カンターレの説かれる教えの素晴らしさを、世界中にお伝えしてまいりたいと思います」。

記事中に、弟妹は「跡継ぎのお兄ちゃんを支えなさい」と言われていましたという記述がありますが、宏洋氏が、当教団の後継者であったことは一度もありません。「お兄ちゃんの受験のために静かにしなさい」と言われたことはあっても、そんなことを言われたというのは事実ではありません。

弟妹たちは「自分が一番」と自己主張するようになり、喧嘩の回数が目に見えて増えていきましたとの記述がありますが、これも事実ではありません。弟妹たちは仲が良く、大川咲也加氏の結婚式の際も、親戚の方々からも話題になりました。宏洋氏は、家族に関する虚偽の流布を即刻止めるべきです。

再婚相手は大川総裁自身が決めた

また記事中には、大川隆法総裁の再婚について、「誰と再婚すれば良いかな」と相談された宏洋氏が、現在の紫央夫人を推薦することで決まったとの記述があります。しかし事実は、子供たちにもよい人をと思っていたため、子供たちには最後に承認を得るために話しただけの話です。

現在の紫央夫人は、大川総裁と同じ徳島県の出身者であり、今も同県で健在の大川総裁のお母様との相性が良いこと、日本銀行出身で秀でた実務能力を持ち、教団発展の重責に耐えうることなどを総合的に勘案して、大川総裁自身が決められたというのが事実です。

記事のなかには、大川総裁は日本のドナルド・トランプになりたいのでしょうという宏洋氏の発言が掲載されていますが、大川総裁の使命の大きさを全く見誤っています。大川総裁は、民族や宗教の違いを超えた普遍的な価値を説くワールド・ティーチャーです。その教えは、宗教の枠を超え、日本国内のみならず、諸外国にも大きな影響を与えています。世界中の人々にメッセージを発信し続けることが、地球神としての大川総裁の使命です。

また、宏洋氏は大川総裁が反面教師であり、名誉欲や金銭欲にまみれると、人生で大事なものを失うとしています。しかし、信仰心があるかのように欺くことで、教団幹部としての地位と収入を得てきたのは、他ならぬ宏洋氏自身ですし、彼こそ、他の兄弟姉妹に対する最高の反面教師です。

宏洋氏をあえて「休職中」扱いとする理由

宏洋氏は、今回の取材を受けた理由として、自分のことを休職中の職員だといい続ける教団側の姿勢に納得できず、自分の口で真実を伝えたかったのだとしています。

当教団としては、宏洋氏の自由を奪うつもりはありませんし、俳優業など自由にやっていただいても構いません。

しかし、宏洋氏は、パンツ一丁になるなどの奇行に走り、記憶のすり替わりが見られるなど、現在、宗教的には霊障状態です。これは、霊体質で霊道を開いておりながら、本来必要な仏法真理の教学や精神修行を怠ったために起きていることであり、一種の精神異常を来して、宗教が保護せざるをえない状態にあると言えます。

多くの誹謗中傷や虚言を繰り返し、多数の信者の心を傷つける表現を発信する宏洋氏の言動は、本来ならば懲戒免職に値する行為です。そうしたなか、あえて宏洋氏を「休職中」扱いとしている理由は、上記のような宏洋氏の精神状態を鑑み、宗教として庇護し、守る形をとっているというのが事実です。

また、宏洋氏は、これまで〝昨年9月に退職したのに教団は休職中だと嘘を言っている〟などと述べていたはずですが、今回の記事では、「今年1月、僕は「幸福の科学」に退職届を出しており」と述べて、自らの従前の主張こそが虚偽だったことを暗に認めています。

女優の千眼美子氏に嫉妬した宏洋氏

宏洋氏が、千眼美子氏との「結婚強制」という、ありもしない虚構を持ち出し、執拗な誹謗中傷を行うのは一体なぜでしょうか？

千眼氏が当教団に出家し、当グループ製作映画に出演するようになって以来、人々の注目は千眼氏に集まり、宏洋氏の影は薄くなってしまいました。演技力、歌唱力など才能の差は歴然としており、ツイッターのフォロワー数には圧倒的な差がついています。教祖の長男として、親の七光りで注目されてきた宏洋氏は、千眼氏に対する嫉妬に突き動かされ、教団の悪口を言って、アンチの人々の支持を取り付け、芸能界でマーケットを作ろうとしているのでしょうが、正直に言って醜く、当教団の基本教義である「正しき心の探究」にも合っていません。

すべては幻想の王子キャラから来ていると思われますが、宏洋氏は真実を正しく認識し、自らの過ちや未熟さ、実力の欠如としっかり向き合うべきです。まさかプロダクションの社長としてタレントのプロモーションをすべき宏洋氏が、女優の千眼美子氏に嫉妬するとは、誰も予想していませんでした。

虚言を鵜呑みにした、ずさんな取材を繰り返す文春編集部

「週刊文春」は2017年12月に宏洋氏と千眼氏の結婚話についての記事を掲載し

ましたが、結局これは事実ではなく虚報でした。今回の〝結婚強制〟記事は、この虚報を取り繕うためのものでしょう。

さらに、かつて、「週刊文春」編集部は２０１２年７月19日号において、元信者の発言に基づく当グループに関するありもしない虚偽事実を掲載したため、当教団より損害賠償などを求める訴訟を起こされています。２０１５年１月、最高裁が文藝春秋社の上告を受理しないことを決定。これにより、同社に４００万円の損害賠償と「週刊文春」誌上に全面１ページの謝罪広告を載せることを命じた東京高裁の判決が確定しました。

「週刊文春」（２０１５年２月12日号）に掲載されたお詫び広告では「……記事の掲載により、宗教法人幸福の科学およびその関係者の皆様に対して多大なるご迷惑をお掛けしましたので、同記事内容を取り消したうえ、ここに謹んでお詫び申し上げます」との謝罪文を、当時の松井清人社長と新谷学編集長名で掲載することを余儀なくされています。

今回の記事は、当時のずさんな取材と全く同じ性質のものです。「週刊文春」（２０

15年2月12日号）は、謝罪広告の次のページから4ページにわたり、延々と反論記事を掲載し、「本誌は今でも記事の内容に確信を持っている」などと開き直っていましたが、こうした無反省な態度によって、虚言を鵜呑みにしたずさんな取材と信教の自由の侵害が繰り返されているわけです。

また、今回の「週刊文春」記事が、4年前の謝罪広告掲載への報復であるとすれば、週刊文春編集部は過去の過ちに学ぶことなく、かつての誤報を取り繕うために宏洋氏の悪業を再利用することで部数増を目指す路線をひた走っていると言わざるを得ません。当グループは同編集部に対して、改めて、宗教的真理の立場から猛省を促すものです。

二〇一九年　二月二十二日

幸福の科学グループ広報局

『信仰者の責任について』関連書籍

『太陽の法』（大川隆法 著　幸福の科学出版刊）

『黄金の法』（同右）

『ザ・コンタクト』（同右）

『不信仰の家族にはどう対処すべきか』（同右）

『実戦・悪魔の論理との戦い方』（同右）

『幸福の科学の後継者像について』（大川隆法・大川咲也加 共著　同右）

信仰者の責任について

2019年２月23日　初版第１刷

編　者　　幸福の科学総合本部

発行所　　幸福の科学出版株式会社

〒107-0052 東京都港区赤坂２丁目 10 番 14 号
TEL(03)5573-7700
https://www.irhpress.co.jp/

印刷・製本　株式会社 研文社

落丁・乱丁本はおとりかえいたします

ISBN978-4-8233-0065-3 C0014

大川隆法 ベストセラーズ・宗教者としてのあるべき姿

幸福の科学の後継者像について

大川隆法　大川咲也加　共著

霊能力と仕事能力、人材の見極め方、公私の考え方、家族と信仰――。全世界に広がる教団の後継者に求められる「人格」と「能力」について語り合う。

1,500円

天照大神（あまてらすおおみかみ）の「信仰継承」霊言

「信仰の優位」の確立をめざして

法を曲げない素直さと謙虚さ、そして調和の心――。幸福の科学二代目に求められる条件とは何か。「後継者問題」に秘められた深い神意が明かされる。

1,500円

宗教者の条件

「真実」と「誠」を求めつづける生き方

宗教者にとっての成功とは何か――。「心の清らかさ」や「学徳」、「慢心から身を護る術」など、形骸化した宗教界に生命を与える、宗教者必見の一冊。

1,600円

真実の霊能者

マスターの条件を考える

霊能力や宗教現象の「真贋（しんがん）」を見分ける基準はある――。唯物論や不可知論ではなく、「目に見えない世界の法則」を知ることで、真実の人生が始まる。

1,600円

幸福の科学出版

大川隆法シリーズ・**最新刊**

ジョン・レノンの霊言

天国から語る「音楽」「愛と平和」「魂の秘密」

ロック、ラブ＆ピース、キリスト発言、
暗殺の真相、現代の世界情勢について。
ビートルズとジョンを愛したすべての
人へ、衝撃の真実をここに。

1,400円

ヘルメス神と空海と魔法

霊界の秘儀と奇跡のメカニズム

ファンタジーを超えた現実としての
"魔法"とは──。西洋文明の源流・ヘ
ルメス神と、日本密教の巨人・空海が、
「魔法の秘密」を解き明かす。

1,500円

天御祖神（あめのみおやがみ）の降臨

古代文献『ホツマツタヱ』に記された創造神

3万年前、日本には文明が存在していた
──。日本民族の祖（おや）が明かす、歴史の定
説を凌駕するこの国のルーツと神道の秘
密、そして宇宙との関係。秘史を記す一書。

1,600円

※表示価格は本体価格(税別)です。

幸福の科学グループのご案内

宗教、教育、政治、出版などの活動を通じて、地球的ユートピアの実現を目指しています。

幸福の科学

一九八六年に立宗。信仰の対象は、地球系霊団の最高大霊、主エル・カンターレ。世界百カ国以上の国々に信者を持ち、全人類救済という尊い使命のもと、信者は、「愛」と「悟り」と「ユートピア建設」の教えの実践、伝道に励んでいます。

（二〇一九年二月現在）

愛

幸福の科学の「愛」とは、与える愛です。これは、仏教の慈悲(じひ)や布施(ふせ)の精神と同じことです。信者は、仏法真理をお伝えすることを通して、多くの方に幸福な人生を送っていただくための活動に励んでいます。

悟り

「悟り」とは、自らが仏の子であることを知るということです。教学(きょうがく)や精神統一によって心を磨き、智慧(ちえ)を得て悩みを解決すると共に、天使・菩薩(ぼさつ)の境地を目指し、より多くの人を救える力を身につけていきます。

ユートピア建設

私たち人間は、地上に理想世界を建設するという尊い使命を持って生まれてきています。社会の悪を押しとどめ、善を推し進めるために、信者はさまざまな活動に積極的に参加しています。

国内外の世界で貧困や災害、心の病で苦しんでいる人々に対しては、現地メンバーや支援団体と連携して、物心両面にわたり、あらゆる手段で手を差し伸べています。

年間約２万人の自殺者を減らすため、全国各地で街頭キャンペーンを展開しています。

公式サイト **www.withyou-hs.net**

ヘレン・ケラーを理想として活動する、ハンディキャップを持つ方とボランティアの会です。視聴覚障害者、肢体不自由な方々に仏法真理を学んでいただくための、さまざまなサポートをしています。

公式サイト **www.helen-hs.net**

入会のご案内

幸福の科学では、大川隆法総裁が説く仏法真理をもとに、「どうすれば幸福になれるのか、また、他の人を幸福にできるのか」を学び、実践しています。

仏法真理を学んでみたい方へ

大川隆法総裁の教えを信じ、学ぼうとする方なら、どなたでも入会できます。入会された方には、『入会版「正心法語」』が授与されます。

ネット入会 入会ご希望の方はネットからも入会できます。
happy-science.jp/joinus

信仰をさらに深めたい方へ

仏弟子としてさらに信仰を深めたい方は、仏・法・僧の三宝への帰依を誓う「三帰誓願式」を受けることができます。三帰誓願者には、『仏説・正心法語』『祈願文①』『祈願文②』『エル・カンターレへの祈り』が授与されます。

幸福の科学 サービスセンター
TEL 03-5793-1727
受付時間／
火～金：10～20時
土・日祝：10～18時
（月曜を除く）

幸福の科学 公式サイト
happy-science.jp

ハッピー・サイエンス・ユニバーシティ

Happy Science University

ハッピー・サイエンス・ユニバーシティとは

ハッピー・サイエンス・ユニバーシティ（HSU）は、大川隆法総裁が設立された「現代の松下村塾」であり、「日本発の本格私学」です。
建学の精神として「幸福の探究と新文明の創造」を掲げ、チャレンジ精神にあふれ、新時代を切り拓く人材の輩出を目指します。

人間幸福学部 | 経営成功学部 | 未来産業学部

HSU長生キャンパス TEL **0475-32-7770**
〒299-4325 千葉県長生郡長生村一松丙 4427-1

未来創造学部

HSU未来創造・東京キャンパス
TEL **03-3699-7707**
〒136-0076 東京都江東区南砂2-6-5

公式サイト **happy-science.university**

学校法人 幸福の科学学園

学校法人 幸福の科学学園は、幸福の科学の教育理念のもとにつくられた教育機関です。人間にとって最も大切な宗教教育の導入を通じて精神性を高めながら、ユートピア建設に貢献する人材輩出を目指しています。

幸福の科学学園

中学校・高等学校（那須本校）
2010年4月開校・栃木県那須郡（男女共学・全寮制）
TEL **0287-75-7777** 公式サイト **happy-science.ac.jp**

関西中学校・高等学校（関西校）
2013年4月開校・滋賀県大津市（男女共学・寮及び通学）
TEL **077-573-7774** 公式サイト **kansai.happy-science.ac.jp**

仏法真理塾「サクセスNo.1」

全国に本校・拠点・支部校を展開する、幸福の科学による信仰教育の機関です。小学生・中学生・高校生を対象に、信仰教育・徳育にウエイトを置きつつ、将来、社会人として活躍するための学力養成にも力を注いでいます。

TEL 03-5750-0747（東京本校）

エンゼルプランV　TEL 03-5750-0757

幼少時からの心の教育を大切にして、信仰をベースにした幼児教育を行っています。

不登校児支援スクール「ネバー・マインド」　TEL 03-5750-1741

心の面からのアプローチを重視して、不登校の子供たちを支援しています。

ユー・アー・エンゼル!（あなたは天使!）運動

一般社団法人 ユー・アー・エンゼル　TEL 03-6426-7797

障害児の不安や悩みに取り組み、ご両親を励まし、勇気づける、
障害児支援のボランティア運動を展開しています。

NPO活動支援

いじめから子供を守ろうネットワーク

学校からのいじめ追放を目指し、さまざまな社会提言をしています。また、各地でのシンポジウムや学校への啓発ポスター掲示等に取り組む一般財団法人「いじめから子供を守ろうネットワーク」を支援しています。

公式サイト mamoro.org　ブログ blog.mamoro.org

相談窓口 TEL.03-5544-8989

百歳まで生きる会

「百歳まで生きる会」は、生涯現役人生を掲げ、友達づくり、生きがいづくりをめざしている幸福の科学のシニア信者の集まりです。

シニア・プラン21

生涯反省で人生を再生・新生し、希望に満ちた生涯現役人生を生きる仏法真理道場です。定期的に開催される研修には、年齢を問わず、多くの方が参加しています。全国168カ所、海外12カ所で開校中。

【東京校】TEL 03-6384-0778　FAX 03-6384-0779

メール senior-plan@kofuku-no-kagaku.or.jp

幸福実現党

内憂外患(ないゆうがいかん)の国難に立ち向かうべく、2009年5月に幸福実現党を立党しました。創立者である大川隆法党総裁の精神的指導のもと、宗教だけでは解決できない問題に取り組み、幸福を具体化するための力になっています。

幸福実現党 釈量子サイト shaku-ryoko.net
Twitter 釈量子@shakuryokoで検索

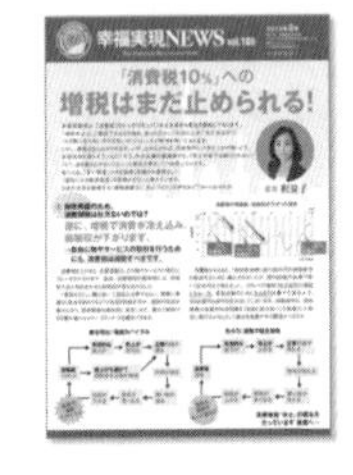

党の機関紙
「幸福実現NEWS」

幸福実現党 党員募集中

あなたも幸福を実現する政治に参画しませんか。

○幸福実現党の理念と綱領、政策に賛同する18歳以上の方なら、どなたでも参加いただけます。
○党費:正党員(年額5千円[学生 年額2千円])、特別党員(年額10万円以上)、家族党員(年額2千円)
○党員資格は党費を入金された日から1年間です。
○正党員、特別党員の皆様には機関紙「幸福実現NEWS(党員版)」が送付されます。

*申込書は、下記、幸福実現党公式サイトでダウンロードできます。
住所:〒107-0052 東京都港区赤坂2-10-8 6階 幸福実現党本部
TEL 03-6441-0754 FAX 03-6441-0764
公式サイト hr-party.jp 若者向け政治サイト truthyouth.jp

幸福の科学出版

大川隆法総裁の仏法真理の書を中心に、ビジネス、自己啓発、小説など、さまざまなジャンルの書籍・雑誌を出版しています。他にも、映画事業、文学・学術発展のための振興事業、テレビ・ラジオ番組の提供など、幸福の科学文化を広げる事業を行っています。

アー・ユー・ハッピー？
are-you-happy.com

ザ・リバティ
the-liberty.com

幸福の科学出版
TEL **03-5573-7700**
公式サイト **irhpress.co.jp**

ザ・ファクト
マスコミが報道しない
「事実」を世界に伝える
ネット・オピニオン番組

ザ・ファクト　検索

ニュースター・プロダクション

「新時代の美」を創造する芸能プロダクションです。多くの方々に良き感化を与えられるような魅力あふれるタレントを世に送り出すべく、日々、活動しています。 公式サイト **newstarpro.co.jp**

ARI Production

ARI Production

タレント一人ひとりの個性や魅力を引き出し、「新時代を創造するエンターテインメント」をコンセプトに、世の中に精神的価値のある作品を提供していく芸能プロダクションです。 公式サイト **aripro.co.jp**

大川隆法　講演会のご案内

大川隆法総裁の講演会が全国各地で開催されています。講演のなかでは、毎回、「世界教師」としての立場から、幸福な人生を生きるための心の教えをはじめ、世界各地で起きている宗教対立、紛争、国際政治や経済といった時事問題に対する指針など、日本と世界がさらなる繁栄の未来を実現するための道筋が示されています。

2018年12月11日 幕張メッセ「奇跡を起こす力」

2018年7月4日 さいたまスーパーアリーナ「宇宙時代の幕開け」

2017年8月2日 東京ドーム「人類の選択」

2018年10月7日 ザ・リッツカールトン ベルリン（ドイツ）「Love for the Future」

2019年1月26日 広島県立文化芸術ホール「未来への希望」

講演会には、どなたでもご参加いただけます。
最新の講演会の開催情報はこちらへ。 ⟹ 大川隆法総裁公式サイト https://ryuho-okawa.org